· 投资与估值丛书 ·

新手学估值

股票投资五步分析法

[美] 乔舒亚·珀尔 乔舒亚·罗森鲍姆 著　林安霁 张千玉 译
（Joshua Pearl）（Joshua Rosenbaum）

THE LITTLE BOOK OF INVESTING LIKE THE PROS
(5 Steps for Picking Stocks)

机械工业出版社
CHINA MACHINE PRESS

图书在版编目（CIP）数据

新手学估值：股票投资五步分析法 /（美）乔舒亚·珀尔（Joshua Pearl）等著；林安霁，张千玉译 . —北京：机械工业出版社，2022.9

（投资与估值丛书）

书名原文：The Little Book of Investing Like the Pros：5 steps for picking stocks

ISBN 978-7-111-72276-2

I. ①新⋯　II. ①乔⋯ ②林⋯ ③张⋯　III. ①股票投资—基本知识　IV. ① F830.91

中国国家版本馆 CIP 数据核字（2023）第 002443 号

机械工业出版社（北京市百万庄大街 22 号　邮政编码 100037）

策划编辑：杨熙越　　　　　　责任编辑：杨熙越

责任校对：丁梦卓　　李　婷　　责任印制：郜　敏

三河市国英印务有限公司印刷

2023 年 6 月第 1 版第 1 次印刷

170mm×230mm・14.25 印张・157 千字

标准书号：ISBN 978-7-111-72276-2

定价：79.00 元

电话服务　　　　　　　　　　网络服务

客服电话：010-88361066　　机 工 官 网：www.cmpbook.com

　　　　　010-88379833　　机 工 官 博：weibo.com/cmp1952

　　　　　010-68326294　　金 书 网：www.golden-book.com

封底无防伪标均为盗版　　　机工教育服务网：www.cmpedu.com

献给我的祖父——纳粹大屠杀幸存者约瑟夫·珀尔，向他坚忍不拔和追求成功的精神致敬。

——乔舒亚·珀尔

深情怀念罗尼·罗森鲍姆，感谢您在力量与无私的精神方面给我的启发。

——乔舒亚·罗森鲍姆

我在 2011 年写了一本书，名为《投资最重要的事：顶尖价值投资者的忠告》。我有意用这个有点讽刺意味的书名，因为在投资过程中其实并没有最为重要的事情。每个投资决策都必须考虑很多因素，并且分析过程必须广泛而详尽，既要有条理又要有创意。

对于未来的投资者或者还在学习道路上的投资者，如何学习所有这些因素？如何将其纳入自己的投资框架？乔舒亚·珀尔和乔舒亚·罗森鲍姆合著的这本书在这方面提供了极好的帮助，让未来的投资者可以快速爬上陡峭的学习曲线。

简而言之，我从未见过一本书像本书一样涵盖如此经过深思熟虑的完整投资流程。本书逻辑性强且条理清晰，简明扼要地介绍了投资者需要理解的知识要点：一开始讲解如何寻找备选的投资标的以及如何进行筛选，然后继续介绍如何研究公司的财务状况以及评估其业务潜力，进而评估之前识别的关键因素反映在股价上被市场高估还是低估，最后探讨了一只股票在投资组合里所扮演的角色。本书以一家公司为案例，贯穿全书把投资流程讲透了。

对于极其复杂的投资决策，本书提供了一个简明的讲解。要在竞争激烈的投资领域获得卓越业绩，不仅要理解最有经验的投资者所熟知的基本知识，还要学会细致入微地思考，只有比其他人理解更为深刻，才更有可能获得成功。

识别并掌握这些基本知识将使读者有机会思考不同案例里进行投资决策的细微差别。我很高兴本书能够帮助读者加速进步，本书出色地讲解了在投资过程中必须做出的决定。你会发现学习体会如何做出更好的决策是一项值得终身追求的有趣工作。

霍华德·马克斯

美国橡树资本管理有限公司联合创始人、联席董事长

|目 录|

⊖ 本书参考文献请访问机工新阅读网站（www.cmpreading.com），搜索本书书名。

为什么本书与众不同

你可能已经注意到，市面上有不少投资书籍，其中许多是由世界上最伟大的投资人所著。那么，你为何要阅读这本书？

当下，股票投资比以往任何时候都更为普遍，无论是通过经纪账户、交易所交易基金（ETF）、共同基金还是退休计划，我们都在直接或间接地进行股票投资。尽管如此，绝大多数个人投资者都没有接受关于如何选股的培训，更不用说掌握基本的金融知识了。到目前为止，还没有一个真正容易获取且易于理解的资源可以帮助他们。为了填补这一空白，我们撰写了这本《新手学估值：股票投资五步分析法》。

我们相信，本书选股框架的简单性和易用性是独一无二的。通过使用实际案例和专业人士使用的真实华尔街模型，我们教你以逻辑性极强的方式一步步挑选股票。我们的目标很简单——传授寻找高质量股票所需的技能，并通过使用风险管理的最佳实践来保护你的投资组合。

在本书中，我们采取最为务实的方式，旨在揭开可能让人倍感神秘的投资流程的面纱。通过阅读本书，你可以脱颖而出，把自己与其他"盲飞"的人区别开来。

飞行员在获得执照之前需要接受严格的培训。医生必须从医学院毕业，在正式执业前要经过多年的住院医师培训。提供专业投资建议的顾问也需要获得资质认证。但是，任何人都可以在没有任何培训的情况下去买卖股票。尽管仅凭预感和祈祷买卖股票不会危及你的性命，但这肯定会让你的财产面临风险。

在我们畅销的原创书《投资银行：估值、杠杆收购、兼并与收购以及 IPO》中，我们提供了关于估值和公司金融的高度实用的指南。我们循序渐进的讲解方式获得了广大读者的热烈欢迎，该书销量超过 20 万册，并且仍然保持强劲势头。虽然我们的第一本书主要针对投资银行从业者，但它也引起了专业投资者的关注。

我们也收到了来自初级投资者的积极反馈，他们寻求理解华尔街的估值方法。几乎每天，家人和朋友们都会找我们请教一些热门的股票，比如脸书（FB）[⊖]、亚马逊（AMZN）、苹果（AAPL）、奈飞（NFLX）和谷歌（GOOG），这五家公司被合称为 FAANG。其中一个常见的问题是关于股价的，例如亚马逊的股价是 1848 美元，而脸书的股价为 205 美元，直接比较之后，鉴于脸书的股价较低，于

⊖ 2021 年 10 月，脸书（Facebook）更名为 Meta Platforms, Inc，交易代码相应地改为"META"，以表示公司对元宇宙的持续投入和反映元宇宙带来的新增长机会。本书里公司名称后面括号内的英文字母组合为上市公司交易代码。——译者注

是得出脸书的股票物美价廉的结论。

尽管这只是一个例子，但上述这种想法随处可见是激励我们撰写本书的一个重要原因。请注意，如果你尚不理解为什么直接比较脸书和亚马逊的股价是完全错误的，也不知道要认真研究二者的盈利能力、商业模型、业绩趋势和其他关键指标，那么这本书绝对适合你。即使你对此有所了解，我们的投资框架也可以把你带到新的高度！

在几十位资深投资人的帮助下，我们在本书里总结了一个简明的五步选股投资框架：寻找投资标的，识别最佳机会，进行尽职调查，确定估值和最后做出投资或不投资的决策。我们还撰写了关于建立投资组合和进行风险管理的方法。

我们的五步选股投资框架旨在针对各种基于公司基本面的投资策略，具有足够的可重复性和灵活性。最值得注意的是，这些投资策略包括价值投资、成长投资、合理价格的成长投资[⊖]（growth at a reasonable price, GARP）、多头策略（long-only）、多空仓策略（long/short）、事件驱动 / 特殊事件投资和不良资产投资。这些投资策略都有一个共同的目标，即发掘有潜在上升空间的股票，其中许多被市场误解、忽视或低估。

我们简明的投资流程得到了现今大环境的支持，这个竞争环境如今可以说比以往任何时候都要公平。历史上，机构投资者和个人投资者之间在信息获取方面的差异造成了巨大壁垒。个人投资者通常不知道如何或者在何处获得相关数据。

现在，由于更严格的披露要求和技术发展，所有投资者都可以

⊖ 投资标的是业绩增速持续高于市场且估值水平有吸引力的公司。

前所未有地、相对公平地获取信息和资源。在公开领域也有功能强大的工具可以帮助投资者在信息充分的情况下识别投资标的、进行调查和执行明智的投资决策。然而，有关如何使用各类工具和信息的适当培训至关重要。这就是我们这本书要解决的问题，即搭建一个在市场上数以千计的上市公司中寻找投资机会的框架。

成功运用我们的方法需要你在积累实际投资决策经验时不断进行微调。随着时间的流逝，你将发展出自己独特的风格和方法，也会不可避免地从你自己的专业和个人生活中汲取灵感。好的投资机会通常受到我们平时观察和酷爱事物的启发。你的投资组合可能会反映出你的教育背景、行业专业知识、兴趣和爱好。你在某些行业有独特经验吗？是否有让你着迷的话题、行业或趋势？

当然，这只是一个持续过程的开始。成为一名成功的投资者并非易事。下一步将取决于你自己的努力、勤奋、判断力和分析能力。你也需要早点犯错，然后专注于持续改进你的投资流程，而不是结果。即使是专业人士，也可以从失败案例中获得宝贵教训，这往往比从成功案例中学到的更多。

在一个被动投资激增的世界里，重新审视主动投资的优点是值得的。被动投资的表现，无论是好是坏，都会与市场或行业保持一致。这样的投资目标对许多人而言是合适的。因此，被动投资有其存在的合理性。但是，很大一部分投资者寻求更高的回报，这需要进行主动投资。

在将资金投给指数基金或行业 ETF 之后，被动投资策略会平等地对待好股票和坏股票。根据常识，更好的投资策略是瞄准"赢家"并设法避免"输家"，从而获得高于市场的回报。例如，面对电子商务的侵袭，实体零售开始萎缩，与标准普尔 500 指数（以下简称"标普 500 指数"）挂钩的 ETF 将使你继续投资表现不佳的行业。那么，为什么不利用你自发的好奇心、聪明才智和本书提供的工具来追求更高的投资回报呢？

在我们开始讲解之前，还有一个简单但必要的提醒。尽管我们一直试图将高度复杂的投资世界简化，但我们只能简化这么多。在阅读过程中，你可能需要学习和温习一些基本的术语和概念，包括基本的会计和财务计算。真正的投资是一项严肃认真的工作，需要切实的付出。然而，我们相信，潜在的回报值得付出努力。

本书结构

本书共分为五章，与我们投资框架的五个步骤相对应。我们用真实世界里的案例贯穿全书，将我们的投资框架及相关概念付诸实践。

五步投资框架
■ 寻找投资标的
■ 识别最佳机会
■ 商业与财务尽职调查
■ 估值与催化剂
■ 投资决策与投资组合管理

我们使用的主要案例是全球汽车零部件供应商德尔福汽车（Delphi Automotive），该公司是于 2017 年 12 月免税分拆后的两个独立公司的前身⊖。德尔福汽车分拆之后，两个独立公司安波福

⊖　自 2017 年 12 月起，德尔福汽车通过免税分拆的方式，将其动力总成业务分拆成立新的实体"德尔福科技"，剩下的电子与电气系统业务和电子部件与安全业务更名为"安波福"。后文详述。

（APTV）和德尔福科技（DLPH）的股票分别在市场上交易。

　　贯穿全书，我们重点关注投资者在 2011 年 11 月德尔福汽车首次公开募股（IPO）时的投资机会，如果从一开始就投资并持有德尔福汽车的股票，那么截至 2017 年公司进行分拆时的价值是初始投资额的五倍。我们将带你回到过去，使用我们的框架，以说明性的方式带领你体会发现、分析、估值和评估这只股票的全过程。

　　德尔福汽车是一个教科书式的重组与业绩反转的投资机会。在 2005 年申请破产重组之前，德尔福汽车的业务分散，成本结构缺乏竞争力，负债累累。德尔福汽车利用破产重组使其产品线布局更为合理，出售了不具有竞争力的业务，并将生产转移到了成本最优的国家（best-cost countries）。德尔福汽车的主要股东——银点资本（Silver Point Capital）和埃利奥特管理公司（Elliott Management），在业绩反转中发挥了关键作用，它们与首席执行官罗德·奥尼尔（Rod O'Neal）和管理团队密切合作，促使公司成功转型。重构的"新德尔福"战略把技术实力和"安全、绿色、互联"三大主题作为工作核心。

　　从破产重组的困境中走出来之后，德尔福汽车的状况大为改观：有针对性的产品组合，具有全球竞争力的成本结构以及"修补后"的资产负债表。德尔福汽车还有更为集中的股东持股结构，有利于公司积极地追求价值创造。随着时间流逝，德尔福汽车的股价逐步反映公司业绩，这些核心股东将自然成为公司股票的卖方。

　　作为价值创造计划的一部分，主要股东组建了一个世界级的董事会，由上市公司首席执行官、汽车行业资深人士和经验丰富的职能专家（如技术、人力资源、资本市场和并购专家）组成。杜邦前董事长兼首席执行官杰克·克罗尔（Jack Krol）被任命为董事会主席，发挥了关键作用。杰克·克罗尔曾经作为泰科国际（Tyco International）的核心董事，监督公司成功实施了一系列改革与提升计划，这是德尔福汽车的主要股东决定将其引入董事会的核心因素。杰克·克罗尔和其他董事一道在与管理层合作制定资本分配、首次公开募股筹备以及投资者沟通的策略方面发挥了非常重要的作用。

作为英国纳税人，德尔福汽车当时享有更具竞争力的税收制度，再加上行业长期向好的趋势、周期性的有利推动、加固的"护城河"、得以改善的财务状况以及极具吸引力的估值水平，总而言之，有多种因素助推投资者获得丰厚的回报。但同时也有一些风险因素需要评估。你必须知道要关注什么以及如何进行分析。

2011 年末，德尔福汽车以每股 22 美元的价格上市。新战略在接下来的几年中被持续实施，直到 2015 年奥尼尔将权力交予时任首席财务官凯文·克拉克（Kevin Clark）之后很长时间。在此过程中，有许多战略举措都为股东创造了巨大价值，最后在 2017 年德尔福汽车将其动力总成业务免税分拆出来。

截至 2017 年底，就在德尔福汽车被分拆为两个实体之前，该公司的股价超过每股 100 美元。抓住德尔福汽车首次公开募股时的投资机会的投资者获得了高达 375% 的总回报。年化回报率为 30%，而同期标准普尔 500 指数的年化回报率为 13%。

我们的五步选股方法旨在帮助你发现下一个德尔福汽车。它还能帮助你在整个过程中管理持有的股票仓位。例如，2018 年汽车市场开始出现周期性放缓的迹象。正如在事后复盘（Post-Mortem）

中所讨论的，新分拆出来的德尔福科技（即动力总成业务）因其地理布局而遭受了自伤，同时也面临一些不利因素。我们的信号预警和主动监控系统旨在帮助你避开这样的陷阱。知道何时退出或减仓与确定何时进入或加仓同样重要。

第一步：寻找投资标的

第一步重点关注专业投资者如何寻找投资标的。这个过程需要极大的耐心和纪律。我们在发现一个高质量的投资机会之前，审视数十家甚至数百家公司的情况并不罕见。

本书着重于自下而上的投资方法，基于公司层面的研究来发掘有吸引力的股票。你将从单个公司开始，对它的业务驱动因素、财务业绩、估值水平和未来前景进行深入分析。我们还将讨论自上而下的投资方法，根据宏观经济或长期趋势来寻找投资机会。自上而下策略的核心是识别和确认全球或国内市场的商业发展趋势或周期，投资从这些长期趋势中受益的公司。另外则要避免投资那些处于长期劣势的公司。

有经验的投资者往往将自下而上和自上而下的要素都纳入他们的方法。对于自下而上的投资者来说，对重要的宏观因素和其他全局性因素缺乏足够关注是危险的。同样，成功的自上而下的投资者也不能忽略对单个公司的基本面进行分析。

第一步，我们将讨论专业投资者获得灵感的主要途径。我们从被低估的公司开始，这些公司可能有改善财务业绩或提高估值倍数的途径。然后，我们将重点放在实施增加企业价值行动的公司上，比如并购、分拆与剥离、重组与业绩反转、股票回购与派发股息、首次公开募股以及公司内部人士增持。最后，我们将讲解如何追踪卓越投资人的投资布局，以帮助自己寻找新的投资标的。

第二步：识别最佳机会

最初的投资标的搜寻通常会得出数十个潜在的投资机会。第二步，我们将讲解如何在一大串公司中识别出最好的那些公司。这涉及对每只股票进行更深入的检视，以便将你的注意力集中在可能成为"核心"仓位的投资机会上。你需要一些高质量的股票来开启一个强大的投资组合。

这种筛选依赖于以快速而系统的方式对每个潜在投资机会进行全局性的研究。为此，我们提供了一个框架来帮助你做到这一点，它以投资主题、商业模式、管理团队、风险与考虑因素以及财务与估值为核心。这一初步分析对于区分"黄铜"和"真金"是必要的。

我们还提供相应的投资研究记录模板，帮助你追踪和整理对每只股票投资机会的研究。此模板的内容对应我们第二步使用的框架，还有助于你在多家公司之间轻松地进行比较。

第一步获得的潜在投资机会越多，第二步筛选的任务就越困难。有时，一个投资机会可能会脱颖而出，给你的投资组合带来重大改变。然而，在大多数情况下，拥有最大上涨潜力的投资机会并不是如非黑即白那样明显。一旦剔除了明显的异常值之后，就可以开始对剩下的股票进行深入分析了。

第三步：商业与财务尽职调查

第三步，我们将对那些经历了淘汰过程而幸存下来的投资机会进行更深入的研究。在早期筛选之后，需要进行更全面的商业与财务研究。换句话说，这是关键的尽职调查阶段。

在商业方面，我们展示如何判断一家公司是不是高质量的，或者是否可以成为高质量的公司。这涉及审视公司的核心优势以及可能使你的投资主题出错的风险。大部分工作是定性的，需要良好的判断和洞察力。在特定商业模式和行业中积累的丰富经验和熟悉度在此时尤其有帮助。你的个人兴趣和观点也可能派上用场。

在财务方面，需要彻底分析公司的核心财务报表，理解其历史业绩、健康状况和发展前景。这里分析的很大一部分是对财务报表的关键项目进行审视并寻找合理的答案。你必须敏锐地发现与业务增长、利润率、自由现金流或资产负债表相关的任何关键弱点。我们还将向你展示如何搭建财务预测模型，该模型将作为你在第四步里进行估值工作的基础。

如果你对公司的业务和财务状况不满意，那么这个投资机会对你而言可能并不够好。这没有任何问题，最好不要投资你不理解或不相信的公司。此外，还要远离财务状况欠佳且不太可能得到大幅改善的公司。

第四步：估值与催化剂

第四步，我们将注意力转向估值，这一步可以说是投资决策流程里的核心部分。在这一步，我们需要确定公司的估值水平是便宜还是贵，以及是否有任何价值重估的"催化剂"。即使是通过了商业与财务尽职调查的股票也可能无法通过估值测试。换言之，这类股票以目前的估值水平而言可能过于昂贵，无法提供有吸引力的回报。这就是"好公司，坏股票"的陷阱。

在这一章中，我们将教你作为股票分析核心的估值方法，包括分析市场估值和内在价值的方法，比如可比公司分析和折现现金流分析。我们还将讨论并购估值方法，包括可比交易分析、杠杆收购分析以及增厚或摊薄分析。在此之后，我们会讨论一些有细微差别的估值方法，比如分部加总估值（sum-of-the-parts）和净资产估值，以完善你的技能组合。

结合这些估值方法来确定给定股票的目标股价，这对于做出最终投资决策至关重要。除此之外，我们还回顾了一些常见的催化剂，能够帮助释放公司的隐藏价值并带来价值重估。催化剂可能是内部因素驱动的，可能是不断演化的公司管理战略的一部分；催化剂也可能是外部因素驱动的，可能是由股东积极主义（shareholder activism）或者监管环境变化触发的。关键的催化剂包括盈利超预期、并购活动、资本回报改善、再融资、首席执行官变更和新产品发布等。

第五步：投资决策与投资组合管理

你已经找到了一个令人信服的投资机会，进行了尽职调查，形成了对公司估值水平的看法。所有这些工作帮助你得到了最重要的目标股价。现在是做出最终投资决策的时候了。对于这只股票，是买入、卖空、追踪还是放弃？

做出买入或卖空某只股票的决策之后，工作并不会就此停止。展望未来，这只股票的仓位必须被持续监控。新的发展变化可能从根本上改变最初的投资主题。有效的监控要对可能影响公司业务基本面的事件进行持续的反思、分析和综合评估。

　　建立良好的投资组合不仅需要选股能力，还需要其他技能。构建投资组合要选择适合你的特定投资目标、策略和风险承受能力的一组股票。这意味着要适当调整仓位大小和优先级。如果一只股票拥有较大的仓位，那么应该反映其相对于投资组合里其他股票在整体质量、上升潜力（包括可能的催化剂）和坚定程度等方面的排序。

　　纪律严明的投资者采用风险管理技术来优化投资组合，保护下行风险。关键工具包括限制风险敞口水平以及制定损失限制和获利了结的准则。风险敞口水平是指个股仓位规模、行业集中度和地理区域集中度等。在这一章中我们还会教你进行对冲和投资组合压力测试的基本方法。

第 1 章

第一步：寻找投资标的

如何找到潜在投资标的？

世界各地的交易所有数以万计的上市公司。那么，你从哪里开始呢？寻找投资标的有多种方法。最基础的方法是从广泛阅读开始。先从阅读行业标杆媒体开始，例如《巴伦周刊》、彭博、格兰特利率观察通讯（Grant's），《金融时报》和《华尔街日报》，再以此为基础拓宽范围。成功的投资人都密切关注世界动态。

对投资标的的搜寻还可以延伸到日常生活和你周围的各种产品与服务中。有很多投资机会的灵感都是源于对日常生活的观察。人们在买什么？他们在哪里购物？他们在谈论什么？他们在访问哪些网站？类似这些问题能引发很多思考。

许多投资者采取自下而上的方法，该方法侧重于公司的基本面。在自下而上的投资理念中，有几种常见的投资机会，比如公司价值被低估、复利增长型企业、运营改善与业绩反转、并购、分拆、重组和资本回报提升等。评估这些机会需要对业务驱动因素、财务分析和估值有基本的理解。你没读过商学院？不用担心，自下而上的投资是本书的重点，我们将在接下来的章节里为你介绍。

其他投资者则采用自上而下的方法，根据宏观或长期趋势寻找投资机会。预期这些趋势将推动盈利加速增长，最好是推动某一特定行业的价值重估。主要的宏观自上而下策略集中于全球市场趋势和商业周期，以及利率、货币和大宗商品的变动。长期趋势则包括消费模式、产品渗透率和人口结构的变化，以及新兴技术、竞争格局的结构性转变和监管环境的变化。

经验丰富的投资者往往将自下而上和自上而下的方法都融入他们的投资框架中。即使是最热衷于公司基本面的投资者也会高度重视宏观因素。理解某些情况可能对个别股票产生的影响很必要。常言道："如果你不在意宏观，那么早晚毁于宏观。"

搜寻投资机会的过程需要极大的耐心和纪律。在高质量的投资机会脱颖而出之前，你可能需要研究数百家公司。因此，知道在哪里寻找投资机会以及着重关注什么至关重要。

尽管一些方法很普遍，但每个投资者都有自己的投资框架与方法，不同人在这方面也会有细微的差别和不同，形成不同的风格。投资是个经验活儿，这意味着专业投资者会随着时间的推移调整他们获得投资机会的框架与方法。即使是经验最丰富的专业投资人士也必须不断进化并适应不断变化的市场环境，并在此过程中进行各种微调。

筛选

筛选工具（screening tools）有助于高效地搜寻投资机会。通过筛选工具，你可以使用自定义的标准在大型数据库里进行筛选以识别潜在的投资机会。专业投资人士会定期进行筛选。

自下而上的筛选可能会针对低于特定估值水平或盈利增长快于特定增速的股票。除此之外，还可能聚焦在近期的并购交易、即将进行的首次公开募股或者刚获得股票回购授权的公司（见表1-1）。

对于油价上涨的投资主题，自上而下的投资者会结合财务标准来筛选能源行业的机会。另一个例子，对于聚焦宽带使用渗透率提升或移动设备保有量激增这种长期趋势的投资主题，筛选的过程将着眼于科技、传媒与电信（TMT）的子行业，筛选标准还将包括特定的财务指标。

很多股票筛选工具在网上免费或以相对较低的成本供人使用（比如雅虎金融网站）。至少，你应设置好来自金融新闻信息源（比如谷歌新闻提醒、华尔街日报）的新闻提醒，以自动接收最新公布的公司事件。此外，还可以通过购买专业服务（比如彭博）来使用高度可定制的高级工具。

自下而上的方法

以自下而上的思路做投资是一种基于公司来甄别有吸引力的股票的方法。你以研究单个公司作为出发点，对其业务驱动因素、财务业绩、估值水平和未来前景进行深入分析。这类投资研究工作是传统选股方法的基础。

表 1-1 筛选示例：公司市值 10 亿美元以上且批准回购股份规模超过公司市值 5% 的公司

(单位：百万美元，每股数据除外)

| 新的股票回购计划 | | | | | | | | 2012 年 12 月 31 日数据 | | |
公告日期	公司名称	股票代码	行业	股票回购金额	占市值百分比(%)	当前股价	市值	企业价值	预期 EV/EBITDA	预期 P/E
2012/12/19	通用汽车	GM	汽车	5 500	11	28.83	47 944	57 252	3.7	8.2
2012/12/14	明晟	MSCI	商业服务	300	8	30.99	3 826	4 257	10.2	18.2
2012/12/13	科络捷	CLGX	技术	250	9	26.92	2 776	3 396	7.3	16.0
2012/12/10	格拉菲克包装	GPK	包装	300	12	6.46	2 572	4 511	7.1	14.4
2012/12/7	雷诺士国际	LII	工业品	300	11	52.52	2 705	3 137	9.1	14.7
2012/12/6	天浪星卫星广播	SIRI	卫星广播	2 000	11	2.89	19 009	20 888	16.1	19.9
2012/11/9	思佳讯	SWKS	半导体	200	5	20.30	3 907	3 579	7.0	9.5
2012/11/7	巴布科克＆威尔科克斯	BW	电子设备	250	8	26.20	3 107	2 772	6.1	11.4
2012/11/5	都福集团	DOV	机械	1 000	8	65.71	12 086	13 487	7.8	12.6
2012/10/23	艾加斯	ARG	化工	600	8	91.29	7 202	9 245	10.0	19.8
2012/9/26	阿拉斯加航空	ALK	航空	250	8	43.09	3 097	2 978	3.4	8.5
2012/8/13	赛灵思	XLNX	半导体	750	8	35.86	9 692	8 901	11.3	16.9

常见的自下而上投资策略包括只做多、多空策略和事件驱动或特殊事件投资，还有一些策略侧重于特定的行业或地区。只做多的策略以长远的视角买入和持有优质股票。多空策略中的空头主要为了避免特定的股票或行业风险、整体市场风险或着眼于创造回报（请参阅第 5 章）。事件驱动或特殊事件投资则关注公司的特定行为，比如并购、分拆和回购。

如图 1-1 所示，一些方法已被证明在寻找优质投资机会方面卓有成效。例如，价值投资者倾向于关注被市场误解、价值被低估的股票，而另一些选股者则会寻找愿意做出对股东价值有益安排的公司，比如对提升股东价值有正面影响的回购、并购和管理升级。

自下而上的方法
- 估值水平
- 财务业绩
- 并购
- 分拆与剥离
- 重组与业绩反转
- 回购股份与派发股息
- 首次公开募股
- 内部人士买入与所有权情况
- 跟踪成功投资人与积极主义投资者

图 1-1 自下而上的方法

估值水平：传统的用估值水平来筛选股票的方法通常是基于估值倍数来搜寻"便宜"的股票。但是，更为重要的是，要搞明白一个公司估值便宜是因为被市场误解，还是有合理的原因。

财务业绩：财务指标和趋势对于识别未来的赢家和输家至关重要。基本面的改善可能预示着诱人的投资机会，例如增长速度加快，利润率提升，杠杆水平降低和资本回报率得以改善。对于利润率比同行低的公司而言，可以分析它们能否缩小这一差距。

并购：并购可以为股东创造可观的长期价值。如果收购方进行转型或者补强型的并购交易，而且财务上增厚公司的每股盈利，运营上提升公司的产品与服务组合，那么这样的并购尤其有利于股东的长期价值。找到并购交易活跃的行业可以帮助我们找到潜在的投资机会，无论是收购方还是被收购方。

分拆与剥离：公司对于其拥有的一个或多个业务进行分拆（将被分拆出去实体的股份直接分配给公司现有股东）、进行首次公开募股或者直接出售。分拆和剥离的目的是释放或突出当前公司拥有的某个业务的全部价值。

重组与业绩反转：重组是指公司摆脱破产重组的困境并实现公开上市的情况，经过这一系列过程之后，公司的资产负债表通常更为健康强劲。在正式的破产重组之外，还有业绩反转的情况。任何一家陷入困境的公司，都蕴含着一个探索巨大改善潜力的投资机会。

回购股份与派发股息：这是向股东返还现金的两种主要方式。对于回购而言，那些首次系统性回购或者有大规模回购计划（例如每年回购超过在外流通量5%的股份规模）的公司尤其有趣。对于派发股息而言，初次派发股息、股息收益率较高或者提高股息支付率[⊖]的公司值得关注与探索。

首次公开募股：公司首次公开发行股票，包括私募股权基金[⊜]和风险投资基金所拥有的公司。通常，这些公司以低于同行的估值

⊖ 股息支付率是指股息占净利润的比例，它反映公司的股息分配政策和支付能力。
⊜ 作为另类资产管理人，私募股权基金通常通过杠杆收购（LBO）的方式收购公司。

水平发行新股，并且由于缺乏公开的长期业绩记录或者缺乏可比公司用于比较分析，可能无法被市场充分理解。

内部人士买入与所有权情况：公司高级管理人员大量买入其所任职公司的股票，可能是公司被市场低估的信号，或者意味着未来有显著的价值创造机会。相应地，对于历史上因为在公司有重大财务利益而改善公司财务业绩的首席执行官，也值得我们关注。

跟踪成功投资人与积极主义投资者：对于拥有优秀历史业绩的投资人，阅读他们基金的公开披露文件能够发现潜在投资机会。美国证券交易委员会（SEC）要求管理资产规模超过 1 亿美元的投资基金每个季度在 13-F 文件⊖中公开披露其权益投资的持仓情况。

估值水平

当你用估值水平进行股票筛选时，不能仅仅尝试寻找"便宜"的股票。如果只是用 15 倍市盈率来进行筛选，那么会得到一长串的公司。而这实际上也不太可能找到被低估的股票，因为这里面大部分公司的估值水平较低都有适当的理由。

核心点是找到那些因为被市场误解而估值便宜的股票，而且你相信这些公司的盈利能够提升或者市场将会对它们进行重新估值，也就是给予更高的估值倍数。同时你还得避开价值陷阱，也就是那些看起来便宜的股票，但它们的折价是有原因的。它们甚至还可能因为面临威胁未来盈利能力的基本面或结构性挑战而被高估了。

另外，有些股票从估值倍数来看并不便宜，或者估值水平还可

⊖ 13-F 文件列出基金的持仓情况，包括每只股票的持股数量。这个申报文件必须在每个季度末之后的 45 天之内提交。

能比同行要贵一些，但是它们的股价表现将优于同业的路径是清晰的。比如，估值 20 倍市盈率的高成长公司可能比一个成长速度慢一些但估值 17.5 倍的同行更有意思。假设前述估值 20 倍市盈率的公司的净利润年增速为 25%，那么三年后的净利润隐含的市盈率倍数只有 10 倍。同时，假设估值 17.5 倍市盈率的公司的净利润年增速为 10%，那么三年后净利润水平所隐含的市盈率其实是 13 倍，所以其实估值更贵。

我们通常将自下而上与自上而下的方法相结合来设计一个有效的估值筛选流程。举例来说，我们可以在一个经历重大长期转变或者周期型反转的行业里寻找估值便宜的股票。

常见的估值筛选方法：

- **较低的绝对估值或相对估值水平**：考虑到业务基本面和前景，公司的估值水平看起来有吸引力。这里的便宜可以是相对于同行的估值便宜，也可以是与自己的历史估值区间相比便宜（比如相较于过去 52 周或历史最高点的巨大折价）。估值水平通常是根据交易倍数来衡量和比较的。核心的估值倍数包括市盈率、P/FCF[⊖]、市净率和 EV/EBITDA[⊖]。

- **相较于成长而言有吸引力的估值水平**：这里的重点是市盈率相对盈利增长比率，即 PEG 比率，被定义为市盈率除以盈利的增速，计算这个指标的目的是衡量相较于盈利增速

⊖ 股价与每股自由现金流之比，其倒数为自由现金流收益率（FCF yield），是每股自由现金流除以股价，也经常为投资者所用。

⊖ EBITDA（息税折旧摊销前利润）作为运营现金流的代理指标而被广泛使用，它反映公司生产产品和提供服务的总现金运营成本。

的估值水平。较低的 PEG 比率可能表示一个公司被低估了。如上所述，一家估值 20 倍市盈率的公司，如果每股盈利（EPS）的年增速为 25%，那么这家公司的 PEG 比率为 0.8，而对于一家估值 17.5 倍市盈率、EPS 年增速为 10% 的公司，其 PEG 比率为 1.75，从 PEG 比率这个指标来看，显然前者更具有吸引力。

- **高资本回报且较低的估值水平**：资本回报率是衡量公司业务质量的重要指标，尤其投入资本回报率[⊖]（ROIC）是较为常见的。理想的投资机会是在目前较低的估值水平下，公司业务的资本回报率较高且还会进一步提升。高资本回报率可以通过投资成长型项目或将资本返还给股东来实现。

财务业绩

一家公司的财务业绩无论好坏与否，都应该反映在它的股价里。如果公司的收入与净利润的增速加快，那么应该带来强劲的股价表现。如果公司的收入与净利润的增速放缓，那么情况应该完全相反——股价受挫。

同样的规则也适用于其他的核心财务指标，比如利润率、自由现金流以及资本回报率。但是，有时候市场也没有充分反映出得以改善的财务业绩。类似地，相较于同行业公司较差的业绩，比如较低的利润率或者资本回报率，应该被视为潜在的业绩改善机会来探索。

⊖ 通常被定义为税后的营业利润除以固定资产净值与营运资本之和得到的比率。税后的营业利润也被称为税后净营业利润（NOPAT）。

资本结构与财务业绩高度相关。我们需要关注公司债务的规模、成本、到期日以及支付利息的能力。如同运营业绩一样，增强的信用指标数据也能够帮助提振股价。

上面讨论的指标需要同时以绝对和相对同业的视角来研究。各种股票筛选工具提供了数不清的识别财务业绩趋势的方法。

常见的财务业绩筛选思路包括：

- **成长性**：成长性无可争议是估值最重要的驱动因素。销售额与盈利规模的持续增长是一家高质量企业的典型指标。那些每年都能实现增长而被称为"盈利复利增长型"的企业是传统选股者的"掌上明珠"，因而往往获得更高的估值水平。虽然所有的业绩增长都值得庆祝，但是内生性增长比外延式并购增长更受青睐。

- **利润率**：利润率的提升或者下滑是公司业绩的线索。利润率提升往往意味着定价权、成本控制和对供应商议价权的增强。利润率下滑可能是关键业务遭遇挑战的警示。投资者关注毛利率、EBITDA、营业利润（亦即 EBIT）⊖和净利润率。

- **自由现金流**：专业投资者非常关注一家公司产生现金流的能力，这些现金流可以被用来为内生性增长项目提供融资、支持并购活动、把资本返还给股东或者偿付债务。能够把较高比例的净利润转换为自由现金流的公司备受认可。主要的指标包括自由现金流转换比例（自由现金流除以净利润或EBITDA 的比率）和自由现金流利润率（自由现金流除以销

⊖ EBIT 通常跟公司利润表上的营业利润相同。EBIT 在某种程度上类似于 EBITDA，但是 EBIT 扣除了折旧与摊销，因而可以更好地反映一家公司的资本密集度。

售额的比率）。

- **回报指标**：主要衡量一家公司为其资本提供者产生利润或回报的能力。衡量回报的指标通常是这样的计算方式：分子是表示盈利水平的指标，比如税后的营业利润或税后净营业利润和净利润，分母是表示资本投入规模的指标，比如投入资本、总资产或股东权益，用分子除以分母得到相应比率。回报指标衡量公司管理层运用资本的效率如何。理想情况下，公司的投入资本回报率应该高于其资本成本（参见第 4 章），也就是说公司有能力给其资本提供者超额回报。

- **资本结构**：在很多方面可以驱动股价的表现。强劲的资产负债表可以支持内生性增长项目、并购活动或者返还资本给股东。此外，正如股权投资者在 2008～2009 年的金融危机（也被称为大衰退）中所领悟到的，强劲的资产负债表在困难时期能够为公司提供资本支持和流动性，关键的指标包括债务 /EBITDA（"负债水平"）和 EBITDA/ 利息费用（"利息覆盖倍数"）。信用指标的改善可能是因为更好的财务业绩或者债务偿还。

并购

并购泛指收购和出售企业。买入另一家企业的全部或部分股份这一决定受到多种因素的影响。其中最重要的是希望通过新产品、客户、终端市场或地域拓展来发展或改进现有的平台。收购也可能用于拓展全新的业务线。比起从无到有去建立一个业务，通过收购实现增长通常是一种相对便宜、快捷和安全的选择。

以并购为中心来寻找投资机会的方法很有吸引力。筛选规模可观的新交易是一个很好的起点。这通常会引导你识别正在进行整合的行业，行业里的潜在目标企业和收购方都可能是有趣的投资机会。对于潜在目标企业，投资者关注那些具有被收购潜力的对象，尤其是那些交易价格处于 52 周低点或与同行相比估值倍数较低的企业。对于收购方而言，拥有优秀并购记录且管理团队成熟的企业值得注意，尤其是拥有大量现金或杠杆率较低的企业。

在我们深入讨论之前，请允许我们简短声明：从多年的商业实践来看，并购的结局实际上好坏参半。典型的陷阱包括：支付过高的价格、错误的战略赌注、不相容的文化、过度举债并购以及并购后的整合失败。上述每一个陷阱都破坏了股东价值，如果同时发生，那么毁灭性是极大的。因此，还是要怀着敬畏之心，谨慎行事。

以并购为中心的具体战略包括：

- **转型交易**：收购方进行大规模、战略性和协同性的交易。典型的筛选指标：最近宣布或完成的交易的规模，至少占收购方交易前价值的 10%。
- **行业整合**：通常在这种情况下，潜在目标和收购方的股价都可能受益。典型的筛选指标：行业交易量，包括交易的数量和规模。
- **适合被收购的目标**：这类企业通常拥有被战略收购的合理逻辑，或者符合被私募股权基金收购的逻辑。典型的筛选指标：企业的业务简单，产品或服务相对单一，并且估值倍数相对较低或股价处于 52 周低点附近。

- **久经考验的收购方**：企业管理团队在实现增厚的并购交易方面拥有成功的记录。典型的筛选指标：从交易量和交易金额来看活跃的收购方，且拥有良好的资产负债表指标，比如大量的现金余额或较低的杠杆率。

转型交易

转型交易可以由规模或战略来定义，通常两者都会加以考虑。这类交易会在销售、利润以及战略方向等方面大幅改变收购方。由于成本节约和增长机会，这类交易也往往具有高度的协同性。在某些情况下，它们可能为收购方带来更高的估值倍数，也就是市场对其进行了"重新评估"。

你应该筛选高于特定门槛的新宣布或已完成的交易，然后查阅每个收购方的新闻稿和为投资者提供的介绍材料。这些材料通常提供交易描述、协同效应的具体金额、业绩增厚的金额（或进行计算的假设条件）以及交易的战略价值。

无论信息披露的程度如何，你最终都必须对交易的财务和战略价值做出自己的假设和判断。这些将反映在你定量分析交易影响的业绩增厚（摊薄）模型中（参见第4章）。投资者偏好那些能够显著增厚每股盈利或每股自由现金流的交易，理想情况下，基于备考财务数据增加10%或更多。

2016年8月，美国滑雪度假村运营商韦尔度假（MTN）以12亿美元对价（13倍EV/EBITDA，或基于协同效应调整后的9倍）收购了加拿大竞争对手惠斯勒。与韦尔度假当时58亿美元的企业价值相比，这是一笔规模不小的交易。考虑协同效应之后，该交易应该能明显地增厚每股盈利。

惠斯勒被认为是北美最具标志性的度假胜地之一，拥有长期健康的财务业绩表现。这笔交易将韦尔已经很强大的滑雪度假村网络扩展到了加拿大市场，鉴于惠斯勒全年都开展运营，还能缓解季节性对整体运营的影响。

可预期的收入与成本方面的协同效应、季票接受度的提升，以及滑雪度假村之间的最佳实践分享与对标都得到了市场的称赞。交易宣布后，韦尔度假的股价上涨了8%。两年后，韦尔度假股东的投资翻了一番。显然，这项转型性的交易带来了转型性的回报。

行业整合

处于整合中的行业为并购投资主题提供了肥沃的土壤。潜在目标和收购方的股价可能会因预期潜在的价值提升而上涨。这创造了一个潜在的双赢局面。理想情况下，你最好在整合阶段的早期阶段就开始投资，以最大化回报。

我们建议筛选新宣布或已完成的交易，然后按行业分类。行业内交易活跃表明存在切实的整合趋势。下一个层次的分析是找出那些最有可能进行交易的行业参与者。这需要对适合被收购的目标和收购方有深入的了解。

一个典型的案例可能包括一个成功有经验的并购方，其拥有明确的并购议程和大量的现金余额。这个并购方可能刚刚失去收购其他企业的机会，于是渴望寻找新的目标。然后，你可以对其与各种潜在目标的匹配度和协同效应进行总体分析。

一个明确的目标需要有吸引力的估值，以及对于潜在收购方的高战略契合度。潜在目标公司在社会和治理方面的问题也很重要。目标公司是否有一个积极主义投资者？其董事会和管理团队是否有可能支持出售公司？

全球啤酒行业提供了一个有趣的案例。在21世纪初，这个行业高度分散，前五名竞争者占据25%的市场份额。十年后，经过十几笔大型交易后，它们的市场份额合计超过了50%。在此过程中，目标公司和收购方的股东都获得了巨额回报。值得注意的交易包括英博在2008年以610亿美元的对价收购安海斯-布希（Anheuser-Busch）以及南非米勒（SABMiller）在2011年以120亿美元的对价收购福斯特（Foster's）。这两家全球啤酒巨头随后于2016年合并，创造了一家市值高达2000亿美元的企业。

适合被收购的目标

典型的并购投资策略以寻找适合被收购的目标为核心。那些直面正在寻求扩张的大型竞争对手的企业位居我们搜寻的榜首。而拥有独特资产或技术、能够在被收购后"即插即用"的企业，也是我们首要关注的。

一个适合被收购的目标通常业务简单，产品或服务相对单一，并且估值倍数相对较低或股价处于52周低点附近。如果企业的CEO即将退休，并且也有优厚的离职补贴，那么这将进一步增加公司被成功收购的可能性⊖。还有一种情况，一家企业的估值水平足够便宜或者业务能够产生大量的自由现金流，以至于对私募股权基

⊖ 企业向美国证券交易委员会提交的年度股东委托书（Proxy Statement）会披露高级管理人员的年龄和薪酬。

金而言极具吸引力。

然而，就像探戈舞需要两个人一样，你还需要了解潜在的买家。合理的买家是否处于"收购模式"？它们的资产负债表是否支持大规模的并购？私募股权基金买家有可能会对潜在的收购感兴趣吗？

虽然投资于久经考验的收购方可能是一种有效的策略，但被收购的目标通常是更安全的前期赌注。从历史来看，上市公司的收购溢价平均为30%~40%。在某些情况下，包括发生竞购战或者敌意收购的情况，溢价会更高。正确选择一家可被收购的目标公司，可以在短时间内获得较高的回报。

曾经从事投资银行业务的专业人士在这方面具有明显优势，因为他们理解并购交易的机制、结构和双方动机。

2016年3月，威士伯（Valspar）被宣伟（SHW）以每股113美元的对价、全现金的方式收购，两者合并之后成为全球最大的油漆和涂料企业。宣伟支付的价格相对于威士伯的股价溢价41%，比其历史高点还溢价28%。包括承担债务在内，总收购价为113亿美元（对应15倍EV/EBITDA，或基于协同效应调整后的11倍）。

威士伯处于一个规模至上的行业中，身为全球第五大的涂料生产商，拥有多个合理的收购方。威士伯的多品牌组合、强大的亚太地区知名度以及以创新和技术专长著称的历史进一步增强了其吸引力。简而言之，对于着眼于适合被收购的目标的投资者来说，所有的线索都齐全了。

对宣伟而言，这笔交易使其客户群和地域分布多样化，同时增加了互补的产品和能力。从财务角度来看，该交易具有很强的协同性，使得每股盈利增厚20%。从交易公告日期到2019年底，宣伟的股东获得了115%的丰厚回报，是同期标准普尔500指数的两倍多。

久经考验的收购方

所谓久经考验的收购方是指在达成业绩增厚与增值交易方面具有优良记录的企业。在繁荣时期，并购能够增强潜在的稳健业绩表现。在困难时期，并购有助于抵消对企业销售和利润规模不利的因素。

在宣布交易时，久经考验的收购方的股价通常会上涨。这些公司拥有非常称职的CEO和内部并购团队，他们通常是曾经就职于投资银行的专业人士。一个典型的策略是收购利润率方面落后的同行，而利润率能够在新的管理框架之下得到改善。久经考验的收购方通常拥有一套久经考验的整合方法与策略，可以说是企业DNA的一部分。这使它们能够成功地执行交易和整合业务，挖掘超出购买价格的附加价值。

Orbia Advance Corporation SAB（ORBIA）前身为Mexichem SAB，是一家总部位于墨西哥墨西哥城的全球性化工企业，于2007年初开始了一系列战略收购。作为其发展下游业务和地域多元化举措的一部分，该公司在接下来的几年中收购了Grupo Amanco、AlphaGary、Wavin和Dura-Line等公司。事实证明，这种并购驱动的战略为股东带来了高回报。截至2014年秋季，Mexichem的股价已从大约7比索上涨至56比索，实现了8年8倍的回报。

那么，我们从中的收获是什么？投资于成功的连续收购方是不是美好得让人难以置信？其中也有几个风险点值得注意。首先，这个策略需要大量可操作的收购目标。而且，还取决于能否获得成本有吸引力的债务融资支持。此外，鉴于各种变动因素，对连续收购方的基本财务业绩进行可靠分析可能颇具挑战性。

最后，久经考验的收购方的股价可能已经完全反映了上述因素。然而投资者对持续进行成功交易的期望可能很高，这为日后的失望埋下了种子。

分拆与剥离

分拆（spin-off）指的是母公司将其某个业务部门独立成一家企业（即分拆出的公司），随后将分拆出的公司进行首次公开募股并上市交易，或者将其所持有分拆出的公司的股份直接分配给母公司股东的一系列安排。剥离后的这家公司独立于母公司，拥有自己的管理团队、董事会和股东。分拆通常是财经媒体的头条新闻，因此很容易筛选得到相关信息。

对于选股者来说，分拆有可能提供丰厚的回报。毕竟，分离业务的前提是能够释放股东价值。各个业务各自的隐含价值之和应该大于现有合并公司的价值。否则，为什么要花费人力财力进行分拆呢？对于出售或剥离非核心业务或业绩不佳的业务的操作，其背后的逻辑也是如此。

分离之后，母公司和被分拆出的公司的股价都可能呈现出显著的上涨潜力，需要分别进行评估。对于母公司而言，在剥离非核心、被忽视的业务之后，可能得到市场对其估值水平的重新评估。

分拆出的公司虽然通常是质量较低或资本匮乏的业务，但是在股价方面可能还有更大的机会。随着分拆之后股东结构的转变，分拆出的公司的股票会立即面临抛售压力。大型资产管理公司往往回避流动性较差的小市值股票，因此它们会抛售这些股票。

此外，由于公司信息相对缺乏和市场兴趣的淡薄，新独立的被分拆出的公司的估值水平通常会受到影响。由于没有独立且经过检验的业绩历史，新上市公司的估值水平通常被打折。这些公司在刚刚成为上市公司时，也少有卖方研究员进行覆盖，特别是如果分拆出的公司是小盘股。当这些元素——无端的抛售压力、估值水平折扣和信息不对称同时具备时，也许能带来一个引人入胜的投资机会。

对于剥离的交易而言，机会则是在母公司这边。毕竟，出售非核心或表现不佳业务的主要动机是释放价值。这是典型的通过做减法来实现增值。剥离次要业务之后，母公司应该通过改进产品组合来实现多层次的价值水平重估。将出售业务所得分配给价值更高的业务或者偿还债务等措施也会对公司股价有正面效应。

2010 年 7 月，诺斯罗普 – 格鲁曼公司（NOC）宣布正在探索出售或分拆其海军造船业务，这一业务现在是独立的亨廷顿 – 英戈尔斯工业公司（HII）。当时，鉴于对国防开支削减的预期，行业前景不佳，于是诺斯罗普 – 格鲁曼公司股票的估值水平与同行相比也有很大的折扣。

幸运的是，诺斯罗普 – 格鲁曼公司和亨廷顿 – 英戈尔斯工业公司在政府难以削减的"关键任务"平台上都拥有强势地位。在分拆公告时，诺斯罗普 – 格鲁曼公司的股价为 50 美元。截至 2019 年底，股价已涨到344美元。此外，那些继续持有分配到的亨廷顿-英戈尔斯工业公司股票的诺斯罗普-格鲁曼公司股东，获得了超过40美元的附加价值。这相当于每股接近400美元的总隐含价值，也就是接近600%的总回报，或20%以上的年化收益率。[⊖]

重组与业绩反转

重组是指公司摆脱破产或类似的重组程序，回到正常经营的状态。这类公司的所有者通常由之前的债权人和股东以及被引入的新投资者组成，后者主要是信用与不良资产投资基金。他们通常的投资风格是在企业处于财务困境时投资其债务，随后通过债转股获得企业的权益。因此，他们的投资成本较低，而且是自然的卖家，寻求通过出售或者IPO和重新上市[⊖]来实现退出和兑现利润。

在重新上市之后，这类公司由于之前所处的困境，常常被市场忽视或者误解。从这个角度来说，它们与前文讨论的被分拆的公司有相似之处，只不过历经坎坷。还有一个相似之处，它们都很容易被筛选出来，通常能够为投资者带来诱人的投资机会。

这类公司里的许多其实有着坚实的业务基础。重组事件可能是由轻率地加杠杆、一次性的冲击或事件或者管理不善而引发的。问题的解决方案通常取决于原因。过度激进的资本结构可以通过调整资产负债表来进行修复。对于没有竞争力的成本结构，可以通过全面成本削减计划来解决。新的管理层可以纠正执行不力。但是，对

⊖ 诺斯罗普-格鲁曼公司的股东以诺斯罗普-格鲁曼公司与亨廷顿-英戈尔斯工业公司的股票6:1的比例换股，获得亨廷顿-英戈尔斯工业公司的股票。

⊖ 重新上市指的是一家破产或退市的前上市公司在不经过正式IPO流程的情况下重新回到交易所上市。

于存在根本性缺陷的商业模式，应该极其谨慎地对待。

除了正式破产和重组之外，还存在业绩反转的情况。从更广泛的意义上讲，任何陷入困境的公司都值得挖掘和探索是否存在显著改进的潜力。许多业绩反转是在新CEO或者积极主义投资者带领下实现的。局外人通常可以提供全新的视角和大胆的领导来实施变革。

赌场运营商热带娱乐公司（TPCA）是一个典型的重组和业绩反转的案例。哥伦比亚苏塞克斯公司于2007年1月以28亿美元的价格收购了该公司，随即加杠杆，但很快遇到了经济大衰退。不到一年，热带娱乐公司提出了重大成本削减和裁员计划，但被新泽西州的监管机构认为过度且不适当，进而收回了该公司在大西洋城的执照。2008年5月，热带娱乐公司申请破产——因市场状况恶化以及自身的高杠杆水平和运营失误而不得不放弃经营。

然而，公司所拥有的标志性热带（Tropicana）品牌以及赌场资产并未消亡。在许多方面来说，热带娱乐公司是典型的"好公司，糟糕的资产负债表"。通过破产重整（美国《破产法》第十一章），热带娱乐公司摆脱了近25亿美元的债务并成功更新了其博彩牌照。2010年3月，在卡尔·伊坎（Carl Icahn）的支持下，热带娱乐公司以2亿美元的估值完成了走出破产重整的一揽子交易。2010年11月，热带娱乐公司以每股14美元的价格重新在OTC市场（场外交易市场）上市。

在接下来的几年里，热带娱乐公司对新资产和现有资产进行了重大投资，比如翻新和升级酒店、客房装修升级以及提供更多的休闲设施。热带娱乐公司还在2014年完成了一项重大并购交易，以

2.6 亿美元的对价收购了密苏里州圣路易斯的卢米尔广场赌场酒店。到 2018 年，热带娱乐公司的 EBITDA 从刚完成破产重整时的约4500 万美元提升到近 2 亿美元。

故事于 2018 年 4 月走向尾声，热带娱乐公司同意将其房地产资产出售给 Gaming and Leisure Properties（GLPI），并将其博彩与酒店运营业务与艾尔朵拉度酒店集团合并，总交易金额为 18.5 亿美元，对应股价 73.50 美元，创造了自重新上市以来 425% 的回报率，相当于年化 23% 的回报率。

另一个著名的业绩反转的案例是特许通讯公司（CHTR）。2011年 12 月，公司宣布汤姆·拉特利奇（Tom Rutledge）为新任 CEO，他接手了这家面临竞争压力、刚破产、资金匮乏的有线电视公司。拉特利奇来自业内同行 Cablevision 公司，在那里他达成了行业领先的运营指标，将公司的自由现金流从约负 3.75 亿美元提升到正6.85 亿美元，并实现了接近 20% 的年化回报率。在特许通讯公司公告这一重大管理层任命的当天，公司股价的反应很积极，上涨了 5%。

在汤姆·拉特利奇的带领下，特许通讯公司立即着手启动了一项资本投资计划，以改善其网络。除此之外，该公司还简化了定价方案，并专注于提升客户服务质量。不到一年，特许通讯公司又宣布了一项增厚的补强型收购。两年后，公司同时收购了时代华纳有线公司和明亮之家网络公司。在早期发掘特许通讯公司这个投资机会的投资者收获了近 675% 的回报，相当于 30% 的年化回报率（截至 2019 年）。

与重组和破产一样，我们也必须极其谨慎地对待业绩反转这一类型的投资机会。热带娱乐公司和特许通讯公司的成功案例是例外，并不是常态。许多陷入困境的公司从未反转。事实上，它们遇到的困难往往不断加剧，进而导致长期表现不佳甚至破产清算。

回购股份与派发股息

从长期来看，能够高效配置资本的公司的股价表现往往要好于同业，并且当它们公告获得大规模回购股份的授权或者提出高额分红的方案时，通常都为股价上涨创造了催化剂。在资本配置方面差一些的公司可能会囤积现金，抑或会在缺乏有吸引力的内生增长机会的情况下，做一些无原则的并购。

对于寻找具有潜在投资价值的、进行股份回购的公司而言，可以通过筛选找到授权大额股份回购计划的公司，例如回购股份的市值超过公司市值的5%。这表明管理层认为他们公司的股票被市场低估了。至少也表现了管理层对公司前景的信心。当然，仅仅宣布这样一个回购计划并不意味着投资者可以解除警报而大举买进。

你需要研究管理层过去进行股份回购的记录。公司过去是否都在有吸引力的价位进行回购？或者过往回购股份的操作只是满足盈利预期或业绩指引[⊖]的机制？或者只是为了抵消员工股票薪酬计划带来的摊薄？

公司首次回购的公告需要仔细研究。公司真的会执行授权吗？管理层是否相信公司股票被市场低估了，或者回购计划表明管理层无法找到有吸引力的能给业务带来增长的项目？当心后者，因为它

⊖ 上市公司自行决定是否提供业绩指引，这不是美国证券交易委员会（SEC）的要求。

可能预示着公司未来的盈利增速放缓或者估值倍数压缩。

另一个回购筛选的重点是找到在一定时间段内（例如，过去3～5年）大幅减少在外流通股数的公司。拥有成功股份回购记录的公司往往会获得市场的奖励。

随着时间的推移，天狼星卫星广播公司（SIRI）通过有系统的股份回购，长期下来为股东创造了可观的价值。2013～2018年，天狼星卫星广播公司回购了市值108亿美元的股票，平均每年18亿美元。从这个角度来看，当天狼星卫星广播公司最初于2012年12月宣布其回购计划时，公司市值仅为150亿美元。这种积极的资本返还措施使得公司的每股自由现金流以超过20%的复合年均增长率增长。相应地，天狼星卫星广播公司的股价从2012年底的2.79美元，增长到2018年中期已经超过了7美元。

对于寻找具有潜在投资价值的、以股息为投资主题的公司而言，我们通常筛选股息收益率超过某一个门槛的股票，比如2.5%。股息收益率的定义是一家公司的年度每股股息除以公司的股价。举例来说，如果一家公司的股价为50美元，当年的每股股息为1.25美元，那么股息收益率为2.5%。对于一家低股息收益率（例如，1%或更低）且股息没有明确上升趋势的公司，投资者很难提起兴趣。但相反地，持续派发股息且股息不断增长的公司则备受推崇。连续25年以上持续提高股息的公司被大家称为"股息贵族"。

虽然聚焦已证实的"股息冠军"是一种常见的策略，但在光谱的另一端可能也有投资机会，即过往没有执行这种股息政策但现金充裕或杠杆率不足的公司。这些公司在开始派发股息或者股息大幅提高时值得关注。但是，有一些公司的情况值得多加小心——年度股息金额持续超过自由现金流的公司，尤其是那些通过加杠杆来弥补派息的现金缺口的公司。

首次公开募股

首次公开募股（IPO）是公司第一次面向公众投资者。正是因为如此，拟上市公司商业模式和财务业绩的实力往往相对不为人所知。此外，在最初的 10 天"静默期"[⊖]之后，新上市的公司才会得到卖方分析师的研究。这个信息差和时间差为潜在投资者提供了实现差异化的真正机会。

此外，相较于业内同行的估值水平而言，拟上市公司的股票定价通常有很大的折扣（通常为 15% 或更多）。这一折扣为投资者提供了额外的缓冲，以弥补他们在短时间内无法完全理解公司的投资亮点的缺憾。

在市场上没有与拟上市公司明确可比的同类公司时，首次公开募股固有的信息不对称是最大的。在这种情况下，投资者做一些额外的工作就可以得到回报，因为其他人会避开缺乏明确可比估值的未知公司。当然，这种风险是确实存在的，因为市场尚未就这些公司应该如何估值"发表意见"。

回到我们在引言部分介绍过的德尔福汽车，该公司 2011 年 11 月首次公开募股的价格为 22 美元，相当于 3.5 倍 EV/EBITDA（2013 年预测值），5 倍市盈率，自由现金流收益率接近 15%。这与

⊖ 虽然美国证券交易委员会规定的强制性静默期是 10 天，但大多数投资银行仍然遵守之前的 25 天静默期规则。销售额低于 10.7 亿美元的发行人，也就是新兴成长型公司可以豁免遵守静默期的规定。此外，上述静默期规定不适用于未参与发行承销的投资银行。

其他同样拥有长期成长空间的汽车零部件供应商的估值水平相比，有很大的折扣，它们的估值水平大约为 6 倍 EV/EBITDA、11 倍市盈率和 7.5% 的自由现金流收益率（参见第 4 章表 4-1）。恰恰相反，市场给予德尔福汽车的估值水平与那些低端制造类供应商一致，后者的业务量主要与汽车销量相关。

随着德尔福汽车的业绩崭露头角，市场开始认识到其强大的长期增长动力与新产品的采用、提升每辆车的性能和盈利能力提升有关。因此，它的破产污点开始消退，新的投资者购入了该股。在 2017 年底的分拆交易之前，德尔福的股价超过了 100 美元。其 EV/EBITDA、市盈率和自由现金流收益率分别变成约 12 倍、18 倍和 4%。我们将在接下来的章节中详细说明这是如何发生的。

内部人士买入与所有权情况

一家公司的高级管理层应该比任何其他人都更理解公司的业务及发展前景。这是他们的工作，换句话说，这就是他们被雇来后每时每刻都需要关注的事情。因此，管理层买卖公司股票的行为可能可以作为投资者决定进场或者卖出公司股票的参考信号指标。正如彼得·林奇（Peter Lynch）指出："公司内部人可能因为各种原因而卖出公司股票，但他们买入公司股票只有一个原因——他们认为股价会上涨。"

美国上市公司高管和董事所持有的公司股份若发生变化，需要向美国证券交易委员会提交表格四文件（Form 4）进行披露。你的股票跟踪提示应该在上述披露事项发生后及时通知你。主要的金融和商业媒体也会跟踪和报道大规模的买入与卖出动作。内部人士买入公司股票是一个传统的看涨信号，而内部人士卖出大量公司股票则可能预示着未来会有麻烦。

摩根大通（JPM）的首席执行官杰米·戴蒙（Jamie Dimon）就很擅长买入其公司的股票。2009 年 1 月，他以 23 美元的平均价格买入了 50 万股摩根大通股票，相当于 1150 万美元。他在全球金融危机期间买入公司股票的做法成为头版商业新闻，在摩根大通股票两年内下跌超过 50% 之后，用行动表明了自己对公司的信心。在戴蒙这次大举买入之后的 12 个月里，摩根大通的股价上涨了 90%。那些关注并跟随他的投资者在一年内实现了本金几乎翻倍的业绩。

同样，在欧债危机之际，2012 年 7 月戴蒙再次用个人资金买入摩根大通股票，以 34 美元的价格买入了额外的 50 万股，总金额达 1700 万美元。一年后，摩根大通的股价上涨了 63%。随后在 2016 年 2 月，由于美国对华政策的变化和油价暴跌，市场有所回落，戴蒙再次买入公司股票。他以 53 美元的价格买入了 50 万股股票，总金额 2650 万美元，安抚了摩根大通股东的同时，还让全市场感到些许安心。12 个月后，摩根大通股票又上涨了 64%。截至 2019 年底，摩根大通的股价接近 140 美元。事实证明，紧跟戴蒙的内部人士购买行为进行投资都带来了丰厚的回报。

有一个逻辑类似的策略是关注那些首席执行官持有大量公司股票并且可以从股价上涨中获得实质性利益的公司。这包括其首席执行官拥有期权且行权价比当前股价高很多的公司。

首席执行官的薪酬应该与股东利益紧密挂钩的观点是很符合逻辑的。经济学家迈克尔·詹森（Michael Jensen）于 20 世纪 70 年代中期首次推广提高股票作为高管薪酬的比例，现在这种薪酬结构已经成为普遍现象，已经取代了旧模式，即首席执行官薪酬的大部分是现金工资和奖金，没能实现一定程度的"利益一致"。

跟踪成功投资人与积极主义投资者

特定投资者的 13-F 披露文件可能是有洞察力的投资灵感来源。举例来说，备受关注的投资组合包括伯克希尔–哈撒韦的沃伦·巴菲特、艾布拉姆斯资本（Abrams Capital）的大卫·艾布拉姆斯（David Abrams）、杜肯家族办公室（Duquesne Family Office）的斯坦利·德鲁肯米勒（Stanley Druckenmiller）、维京全球（Viking Global）的安德烈亚斯·哈尔沃森（Andreas Halvorsen）、Baupost 集团的塞思·卡拉曼（Seth Klarman）、特里安基金管理公司（Trian Fund Management）的纳尔逊·佩尔茨（Nelson Peltz）以及埃利奥特管理公司（Elliott Management）的保罗·辛格（Paul Singer）。这些投资人拥有出色的长期业绩记录，并以对公司进行深入尽职调查而闻名。

但是，请注意 13-F 文件的披露时间在每个季度结束后有 45 天的延迟。对于其中一些持股，最佳入场点可能在 13-F 文件披露时已经过去。或者，这些披露的仓位甚至可能在季度末到披露日之间已经发生了变化。因此，你可能需要关注股价尚未上涨的最新投资。

当个人或者一致行动人在一家公司拥有的权益超过 5% 时，必须在 10 天内提交附表 13-D 披露文件，或在 45 天内提交附表 13-G 披露文件。附表 13-D 用于权益持有人计划积极影响公司管理的情况，权益持有人通常会与管理层讨论公司战略发展等事宜。附表13-G用于权益持有人计划消极持有股份的情况。上述两个文件的披露都表明权益持有人对公司股票的上涨潜力有较强的信心。

积极主义投资者是变革推动者，总是瞄准公司需要改善的地方发力。在某些情况下，他们会加速现有投资者可能早已发现的转型事件。因此，股东通常会为可靠的积极主义投资者入场而欢呼。积极主义投资者还会引来新的投资者入场，这会立即推动公司股价上涨。公司股价的长期上涨空间取决于积极主义投资者能否成功实施变革以及战略举措带来的结果如何。

2013年4月，当积极主义投资者ValueAct Capital确认已持有20亿美元的微软（MSFT）股份时，公司的股价低于每股30美元。虽然持仓规模不到微软已发行股本的1%，但很明显ValueAct Capital打算推动变革。在ValueAct Capital宣布投资微软的当天，公司股价上涨幅度超过3%，随后截至5月底攀升至近35美元。

在ValueAct Capital入场之前，自1998年以来，微软的股价基本上停滞不前。市场对首席执行官史蒂夫·鲍尔默（Steve Ballmer）和公司战略的担忧持续蔓延，最主要的担忧是公司误入歧途进军设备领域以及在移动计算方面落后于苹果和谷歌。到2013年8月，鲍尔默宣布他将退休，ValueAct Capital获得了公司董事会席位。这只是一系列剧烈改变的小开端。

2013年9月，微软批准了一项新的400亿美元股票回购计划（当时公司的市值为4500亿美元），并将股息金额提高了20%以上。到2014年2月，鲍尔默被在微软工作了20年的老将萨蒂亚·纳德拉（Satya Nadella）所取代。在接下来的几年里，纳德拉带领微软进行了全面的文化和战略变革，包括降低对传统桌面软件的重视，更多地关注云业务、企业服务和移动业务。

纳德拉的战略重振了微软的财务业绩。强劲的商业云业务增长、改进的产品组合以及将企业服务转变为订阅模式等一系列改变得到了投资者的称赞。当 ValueAct Capital 在 2018 年第 1 季度退出微软时，公司股价已超过 90 美元，相较于最初的成本涨了 200%。

当然，追随其他投资者进行投资还需要遵守一些告诫。当心群体思维（groupthink）可能导致"对冲基金酒店"⊖倒塌。一些投资者完全回避跟随他人，试图避免"拥挤"的交易。对于那些被追随的投资者来说，他们持有的仓位会受益于追随者带来的买入需求。

自上而下的方法

自上而下的方法着力于寻找从整体经济或长期有利因素受益的公司。这些宏观趋势能够推动持续的公司盈利增长和估值倍数扩张。理想情况下，它们还可以保护公司的核心业务免受不利经济条件和市场冲击的影响。即使在暴风雨来临的时候，你也希望风吹在你的背上，而不是吹在你的脸上。

在各国中央银行各种声明和行动影响市场的情况下，宏观因素的强大力量每天都显而易见。投资者尤其关注美国联邦储备委员

⊖ 对冲基金酒店（hedge fund hotels）来自业内行话"对冲基金酒店股票"（hedge fund hotel stocks），后者的意思是对冲基金扎堆持股的股票。在对冲基金都在买入某一只股票时会抬高其股价，但当对冲基金都试图卖出时，则会给股价带来很大的压力，即形象表述的"对冲基金酒店"倒塌。由于对冲基金的投资期相对较短，所以作者认为盲目跟随其投资会面临一些风险。——译者注

会、欧洲中央银行、日本银行和中国人民银行。宏观因素支撑了大衰退之后的长期牛市，低利率和宽松的货币政策帮助推动股市一次次创下历史新高。

在瞬息万变的时代，长期的投资主题非常丰富，对旧世界和新世界的行业都适用。自上而下的投资者可能会在汽车行业里挖掘与汽车电气化和自动驾驶相关的投资机会。同样，围绕电子商务、云、共享经济和社交媒体的 21 世纪长期投资主题已被证明回报颇丰。

许多自上而下的投资机会源自传统的研究方法，阅读和观看传统新闻，包括金融、经济和特定行业的媒体。自上而下的专业投资者可能会花费数周或数月的时间来研究投资主题，包括实地考察、访谈以及与专家交流讨论。

要获得真正的自上而下投资技能，需要积累各类经验和增强定性分析的能力。宏观投资大师通过自身直接的历练以及对先前周期与市场走势的熟稔来磨炼他们的能力。对于关注长期变化的投资者来说，情况也是如此。然而，这并不意味着自上而下投资方法的要义是无法被传授的。

首先，你可以研究和仔细学习下面图 1-2 里自上而下方法的子类别：

自上而下的方法
- 周期、繁荣和萧条
- 经济与地缘政治
- 长期转变
- 行业拐点

图 1-2　自上而下的方法

周期、繁荣和萧条：能够识别明确的周期性赢家和输家，以及可能处于股价反弹边缘的失宠行业。历史视角和对行业的熟悉程度此时特别有帮助。

经济与地缘政治：理解美联储政策、利率、消费者数据、失业率、制造业数据、货币汇率、国内政治和全球地缘政治事件对股票的影响。

长期转变：在科学技术、消费者偏好、人口结构、行业动态或监管制度的预期变化情况下，找到受益或受损的公司或行业。

行业拐点：熟悉关键的行业指标以及它们在不同的周期中如何变化。这也与石油、铜和铁矿石等对某些行业影响较大的大宗商品价格有关。

周期、繁荣和萧条

对商业周期的敏锐理解对于发现投资机会至关重要。模式和相互关系的识别可帮助你确定最佳的买入点和卖出点。这至少意味着能够识别市场是处于周期的早期、中期还是后期，然后你可以相应地进行投资决策。

不同的周期性投资往往具有共同的特点，你可以利用这些特点。估值倍数通常在周期的早期阶段处于高位，逐渐经历均值回归，估值倍数在周期的后期阶段随着盈利增速放慢而收缩。这与未来的盈利增长预期相关——预期盈利增长越快，估值倍数就越高。

在某些情况下，"周期判断正确"带来的益处远超过所有自下而上的工作。一个财务状况良好且管理团队强大的公司可能看起来令人兴奋，但如果公司在与周期做斗争，那么股价很难如你所愿。

在 20 世纪 90 年代后期的互联网泡沫破裂和 2008～2009 年的大衰退期间，即使是蓝筹股也受到重创。

理想情况下，你应该提前预判周期，提早行动。这也适用于行业或地区或国家的周期性模式。例如，大衰退过后，北美汽车产量远低于之前的峰值水平。汽车产量甚至远低于汽车报废的数量（见图 1-3），这是需求被压抑的明确指标。周期性的有利因素对汽车行业起到了支撑作用，这是 2011 年德尔福投资主题的主要推动因素。当然，同样有利的周期性因素也可能向相反的方向转变——见事后复盘部分。

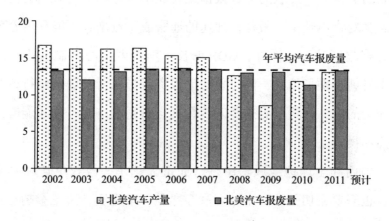

图 1-3　北美汽车生产量与汽车报废量对比（单位：百万辆）

资料来源：IHS Automotive and Barclays Capital.

与行业一样，你也可以找到与国家或地区相关的有趣周期性趋势。虽然全球经济的相关性越来越强，但在任何时候都有相对整个市场而言明显的表现优异者和表现不佳者。与传统的发达市场相比，新兴市场有自己的节奏。美国、欧洲和日本等发达市场之间的增长和前景也可能存在巨大的差异。

经济与地缘政治

分析关键的经济与地缘政治数据是寻找投资机会的另一种方法。这些数据或许展现出的是整体概貌而掩盖了特定公司的信息。21世纪的看多交易将重点放在把大萧条后全球央行的鸽派货币政策解读为绿灯。美联储促进充分就业和控制通胀的任务，使其降低利率并维持在较低水平，为股市创造了非常有利的环境。

除了利率，你还需要理解就业数据、工资统计、通货膨胀、GDP增长、消费者信心和税收政策。在某种程度上，它们是相互关联的。例如，疲软的工资数据或就业不足意味着美联储会持续推行温和的货币政策。另外，加速的通胀或工资增长可能预示着美联储即将收紧政策。同样，GDP增长、消费者信心和制造业产出数据本身就提供了信息，同时也帮助投资者形成对美联储施行政策或不作为的洞见。将所有这些宏观数据点联系在一起，你才能够进行相应的投资。

国内和全球地缘政治事件，如重大选举、政权更迭和军事冲突，也需要密切关注。全球互联互通是一个现实，跨境影响也是如此，例如贸易和关税政策、人口流动和经济联盟。美国股市没法不受到中国、欧洲和主要新兴市场事件的影响，反之亦然。

2016年2月，由于对中国经济放缓的深切担忧，许多优质公司的股价大幅下跌。同年晚些时候，这些公司的股价急剧反弹。全球的负面影响通常会创造有吸引力的买入点，对于基本面保持不变的优质公司尤其如此。2016年6月的英国脱欧公投也造成了暂时的市场混乱。股市全面大幅下探，但此后不久又迅速反弹。

长期转变

　　长期转变为那些处于有利地位的公司创造了可持续的有利因素。投资者一直在关注科学技术、消费者偏好和人口结构方面的巨大变化。这会延伸到所有行业和地区。那么，你该如何识别这些长期转变呢？

　　一方面，主要是保持对基本常识的敏感。如前所述，成功的投资人会关注世界上正在发生的事情。他们如饥似渴地阅读新闻报道，在日常生活中善于观察。例如，你在网上购物的花费呈指数型增长；你现在通过在线预订旅行；在购买汽车时，商家会为你提供一系列的可选车载电子设备。这些转变的背后，是谁受益，又是谁受害？像这样的简单观察可以指引我们寻找新的股票投资机会。

　　另一方面，也要注意长期转变背景下失势的玩家。看看亚马逊和电子商务如史诗一般的发展，它们颠覆了实体零售。这在很大程度上是一场零和博弈，大赢家从最终的输家那里抢夺市场份额。

　　时机也是关键。一些长期转变可能需要数年时间才能完成。因此，虽然你的投资主题可能是对的，但入场时机可能选错了。最初看起来像潮汐，最后可能被证明只是涟漪。在此期间，你投资的股票可能股价停滞不前，甚至会出现下滑。

　　更糟糕的是，有些所谓的长期转变可能只是误判。一家公司的伟大创意和相应产品可能会激发强烈的竞争反应。我们经常看到行业新星被资本雄厚的快速追随者碾压的例子，可谓是不一而足。

　　所以，回到长期转变的赢家。数字广告、智能手机和社交媒体的早期投资者在谷歌、苹果和脸书等公司获得了巨额回报。同样，那些认识到视频消费的巨大变化并投资于奈飞的投资者也从中受益。在接下来的十年里，投资者将寻求各种结构性的转变，其中包括"共享经济"、自动驾驶和人工智能。

行业拐点

一些投资者专注于特定行业，比如消费品、能源、医疗保健、工业品和科技等行业。这些行业专家利用大量的专业知识、人脉网络和数据来识别趋势和评估前景。与任何专业化一样，这种专业、专注与积累所获得的洞察力比通才的判断更具优势。

相较于整个市场而言，对于任何给定的行业，某些数据会不成比例地影响一些股票的价格。举例来说，汽车销售额决定汽车股票的表现，零售销售额影响部分消费股的表现，房屋开工量影响房屋建筑商的股价。这些数据也往往有自己的周期，在不同程度上与更广泛的经济相关。

理想情况下，你最好能找到宏观或周期性受益且能享受到长期有利因素支撑的行业。让我们来看看 2010 年至 2017 年期间的美国有线电视行业。鉴于这个行业与居民的可支配支出和住房高度相关，有线电视行业通常在经济扩张期蓬勃发展。同时，鉴于其基于订阅的商业模式和产品本身的需求稳定性，这个行业也相对具有一定的抵抗经济衰退的能力。

2010 年初有线电视行业出现转折点，行业长期趋势与更广阔的宏观复苏合力发挥作用（见图 1-4）。此前，特许通讯公司（CHTR）和康卡斯特公司（CMCSA）这些公司与美国电话电报公司（T）等传统电信公司就新的互联网用户展开了激烈的肉搏战。然而，由于卓越的网络可靠性和更快的下载速度以及更优惠的价格，有线电视公司开始成为明显的赢家。有线电视公司的早期投资者几年来一直受益于来自基本面的有利势头，而电信公司的投资者则表现不佳。

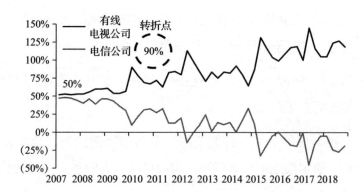

图1-4 宽带新用户数占比：有线电视公司与电信公司对比

资料来源：公司披露文件。

更广泛地说，你的行业分析有助于在投资组合的层面分配机会。你可以识别具有周期性、宏观层面、长期性或结构性有利因素支撑的行业，同时避开被不利因素萦绕的行业。例如，你可能会因为看到某些新媒体或科技行业的蓬勃发展而相应地增持股票，同时避免投资传统媒体行业。

关键点总结

- 有很多方法可用于寻找投资机会，从阅读行业标准到日常生活观察，再到更复杂的筛选工具。

- 自下而上的投资方法关注个别公司的基本面，而自上而下的投资方法则基于宏观或长期的主题来寻找机会。

- 自上而下的投资方法关注经济和地缘政治驱动因素，以及周期和长期变化。

- 从被低估的公司、并购交易、分拆与剥离交易、首次公开募股、重组与业绩反转以及回购股份与派发股息当中寻找股票投资机会。

- 大多数"便宜"的股票之所以便宜是有原因的——关键是要找到因为被市场误解而便宜的股票。

- 以并购为中心的投资机会可以有多种形式——转型交易、行业整合、适合被收购的目标和久经考验的收购方。

- 理想情况下，最好能找到宏观或周期性受益且享受到长期有利因素支撑的行业。

第 2 章

第二步：识别最佳机会

现在你有一系列的投资机会，接下来呢？

第一步寻找投资标的初步流程是为了获得进行进一步研究的股票入围名单。然而，这个入围名单可能包含了多个潜在的投资机会。那么，如何用有条理的方式来分析这些机会呢？

专业投资人士会使用系统化的流程来筛选之前发现的潜在投资机会，并评估它们是否值得深入研究。在这章中，我们提供了一个分析框架和相应的模板来帮助你达到这一目的。我们的分析框架聚焦于投资主题、商业模式、管理团队、风险与考虑因素和财务与估值。

当筛选投资机会时，专业投资人士会倾向于使用特定的标准或"分界线"，这些标准通常来自过去的赢家（表现良好的股票）和输家（表现不佳的股票）。这些标准可能基于财务数据，与规模、增长率、盈利能力、杠杆倍数或估值相关，比如，市值超过 10 亿美元、年度盈利增长率超过 10% 或者杠杆倍数低于 3 倍的公司。其他的筛选标准可能专注于特定的行业，比如消费品、工业品或电信业；也可能专注于特定情景，比如并购、分拆或业绩反转。随着时间推移，你会形成自己的筛选原则。但是要记住，成功的投资需要不断的学习和适应能力。选股的"分界线"需要经常复盘。

当你审阅最初阶段的股票名单时，有一些投资机会可能会脱颖而出，成为潜在的核心投资。但多数情况下，有着最大上涨空间的投资机会并不是非黑即白、显而易见的。在发掘出这只股票的全部价值之前，你通常需要深入分析、顶住质疑。

回到我们在第一步中 IPO 的例子，德尔福汽车作为一只值得进一步研究的股票脱颖而出。它的破产污点仍历历在目，其业务改革也未得到证实。这意味着很多投资者都会避开它。与同行相比巨大的估值折让使它更加吸引人。在第二步中，我们会应用我们的分析框架来进一步评估这个机会。

投资机会评估框架

在图 2-1 中展示的框架旨在帮助你以有条理且简练的方式来识别出最佳的投资机会。这个框架在各种类型的投资中都适用。当你熟悉了这个框架，并开始制定自己的投资标准，你将学会快速地排除明显的异类，嗅到潜在的赢家。

投资机会评估框架
- 投资主题
- 业务概览
- 管理团队
- 风险与考虑因素
- 财务与估值

图 2-1　投资机会评估框架

在表 2-1A 和表 2-1B 中，我们提供了一个"投资研究记录模板"

来帮助你组织对潜在投资机会的研究。我们以德尔福汽车在 2011 年 11 月首次公开募股时的情况作为案例研究。因此，下面的工作将评估这只股票在当时是否具有吸引人的投资条件。

投资研究记录是专业投资人士的核心工具。它促进了系统性的评估流程，并使得团队成员或投资委员会之间可以有效分享信息。模板的每个部分都对应于我们上面的投资机会评估框架。虽然我们的模板只是精炼的两页，但一份投资研究记录可以更长。

在接下来的数页中，我们将带你浏览模板中的每个部分。这个模板是基于微软 Excel 表格来编制的，可以根据行业或案例情景进行定制。在这个阶段，尽管模板中的很多术语对你来说可能有些陌生，但请保持耐心——我们将会在书中更详细地解释它们。

表 2-1A　投资研究记录模板

德尔福汽车（DLPH）	2011 年 11 月
投资主题	

- **商业逻辑**——一流的汽车供应商，受益于全球汽车销售的周期性复苏、法规及消费者偏好所推动的"安全、绿色和互联"的行业趋势，以及中国市场的巨大增长；破产重组后，公司对产品组合进行了调整，制造成本达到了最佳水平，资产负债表也变得干净
- **管理团队**——首席执行官罗德·奥尼尔（Rod O'Neal）领导着一个资深团队，他始终任职于通用 / 德尔福汽车，并在破产重整期间管理德尔福汽车。在破产重整期间，德尔福汽车摆脱了不盈利的业务、缺乏竞争力的成本结构和沉重的债务负担；积极的董事会如激光般聚焦于为股东创造价值、全力支持公司管理团队
- **成长性**——在未来的几年中，预期每股盈利（EPS）会以 15% 左右的复合增长率增长，受到下列因素推动：每辆车零部件增加导致销售增长超过了轻型车的产量增长，新车型平台产品渗透率增加以及股票回购等
- **利润率**——在未来五年中，由于产品组合改善、经营杠杆作用和 90% 以上的劳动力位于成本最优的国家（BCCs），EBITDA 利润率预计从 10% 出头提升至 15% 左右（与业绩最好的可比公司一致）
- **资本收益**——在 IPO 之前回购了价值 43 亿美元、通用汽车持有的公司股票，在只有 0.3 倍净杠杆、未来 5 年内没有大额债务到期以及账上持有 14.5 亿美元现金的情况下，预期公司未来会进行股票回购或分红
- **并购**——在关键领域（如工程部件）存在补强型并购的可能，能够扩大市场份额、巩固市场地位和扩大规模；有机会进一步调整与削减产品组合，促进核心业务的价值重估

（续）

- **估值**——市场给公司的估值为 3.5 倍 EV/EBITDA（2013 年预期）、5 倍市盈率和 15% 自由现金流收益率，是低端制造类供应商的估值水平，但考虑到公司的产品组合、利润率和增长前景，公司的估值水平应该比照拥有更高估值倍数的"长期增长者"同业公司
- **催化剂**——盈利攀升加速，补强型收购，非核心业务剥离，可能启动新的股票回购或分红计划，以及当前核心股东的最终股票出售

业务概览

- **公司介绍**——为全球汽车和商用车市场提供电气 / 电子、动力系统、主动安全系统和热力解决方案的汽车零部件制造商；在 30 个国家拥有 110 家制造工厂和 10.2 万名员工
- **产品与服务**——电气 / 电子结构（占销售额 40%；连接器，接线总成，电气中心），动力系统（占销售额 30%；燃料处理和喷射，燃烧，电子控制），电子和安全（占销售额 19%；车身控制，接收系统，信息娱乐系统），以及热力系统（占销售额 11%，冷却和加热系统）
- **客户与终端市场**——所有 25 家全世界最大的整车制造商（OEMs）；21% 的销售收入来自通用汽车，9% 来自福特，8% 来自大众，6% 来自戴姆勒，5% 来自标致，4% 来自雷诺，3% 来自菲亚特集团；公司的产品可以在绝大多数畅销的车型中找到
- **竞争情况**——70% 的业务在细分市场占据第一或第二的位置；主要竞争对手包括：博格华纳、博世、大陆、电装、哈曼、住友和矢崎
- **地理区位**——2010 年的销售收入中 33% 来自北美，43% 来自欧洲，16% 来自亚洲，8% 来自南美洲；预计在未来 5 年内，亚洲将占到销售增长里 50% 以上的份额

管理团队

- **首席执行官罗德·奥尼尔**——3 000 万美元股票薪酬；2007 年 1 月起担任首席执行官，2005 年 1 月起担任首席运营官，在通用 / 德尔福汽车任职 40 年
  - **历史业绩**——在董事会和主要股东的领导下监督德尔福汽车的重组，将生产线从 119 条削减至 33 条，将业务部门从 7 个削减为 4 个；降低了时薪，增加了临时工，将营业利润从负的 13 亿美元提升至 17 亿美元
  - **薪酬结构**——与达成公司市值目标和关键财务业绩指标相挂钩，即 EBITDA（权重 70%）、自由现金流（权重 20%）和销售预订量（权重 10%）
  - **名声**——行业专家："他的优势在于与客户打交道，他把大部分时间花在了达成交易上。他冲在最前面，并确保自己周围的同事都是业内顶尖人才"
- **首席财务官凯文·克拉克**——1 500 万美元股票薪酬；自 2011 年 7 月起担任首席财务官；是一家私募股权机构的联合创始人，曾任费舍尔科学公司的首席财务官（2001～2006 年），期间帮助公司实现年化 20% 的回报、EPS 以 27% 的复合增长率增长

风险与考虑因素

- **汽车行业周期**——公司业务与汽车生产量挂钩；在上一个经济衰退期间，北美汽车产量从最高点到最低点下降了 43%、全球市场下降了 15%
- **欧洲市场敞口**——考虑到宏观环境和高库存水平，欧洲市场的汽车产量预期会在短期内下滑；欧洲豪华车制造商 25% 的销量（出口销往国际市场）抵消了部分欧洲市场产量的下滑
- **中国与新兴市场**——可能波动的经济环境和当地市场竞争动态
- **外汇**——65% 的收入产生于北美之外，考虑到对墨西哥比索、欧元、人民币和英镑的敞口，财报净利润受其影响波动
- **原材料**——主要生产原料是铜和树脂，依赖于在这些大宗商品价格突然飙升时将价格上涨转嫁给下游整车制造商的能力

表 2-1B　投资研究记录模板（续）

德尔福汽车（DLPH）
（单位：百万美元，每股数据除外；百万股）

财务与估值

		财年截止日	12 月 31 日
		行业	汽车
		公司评级	Ba2/BB

市场数据

股价	52 周回报	52 周高低点 %	稀释后股数	市值	企业价值	平均日交易量
22.00	NA	100%	328	7 221	8 501	NA

财务摘要

	历史期间		预测期间			
	2009A	2010A	2011E	2012E	2013E	2014E
销售收入	11 755	13 817	16 039	16 594	18 023	19 507
% 增长率	(30.1%)	17.5%	16.1%	3.5%	8.6%	8.2%
毛利	228	2 049	2 526	2 671	2 991	3 335
% 毛利率	1.9%	14.8%	15.7%	16.1%	16.6%	17.1%
EBITDA	84	1 633	2 044	2 157	2 433	2 731
%EBITDA 利润率	0.7%	11.8%	12.7%	13.0%	13.5%	14.0%
% 增长率	NM	NM	25.2%	5.5%	12.8%	12.2%
折旧摊销	679	421	478	490	532	575
净利润	(866)	631	1 072	1 180	1 371	1 577
% 净利率	(7.4%)	4.6%	6.7%	7.1%	7.6%	8.1%
稀释后股数	686	686	328	324	314	304
EPS	(1.26)	0.92	3.27	3.65	4.36	5.19
% 增长率	NM	NM	255.0%	11.7%	19.7%	19.0%

（续）

财务摘要	历史期间			预测期间		
	2009A	2010A	2011E	2012E	2013E	2014E
运营现金流	(98)	1 142	1 356	1 639	1 836	2 083
减去：资本开支	(409)	(500)	(629)	(747)	(811)	(878)
自由现金流	(507)	642	727	892	1 025	1 205
% 增长率	NM	NM	13.2%	22.8%	14.9%	17.5%
每股自由现金流	(0.74)	0.94	2.21	2.76	3.26	3.97
% 增长率	NM	NM	136.7%	24.5%	18.4%	21.5%
信用指标						
利息费用	8	30	123	123	121	120
总债务	396	289	2 103	2 028	1 992	1 956
现金	3 107	3 219	1 455	2 012	2 651	3 370
EBITDA/利息费用	10.5x	54.4x	16.6x	17.5x	20.0x	22.7x
(EBITDA- 资本开支)/利息费用	NM	37.8x	11.5x	11.5x	13.4x	15.4x
总债务/EBITDA	4.7x	0.2x	1.0x	0.9x	0.8x	0.7x
净债务/EBITDA	NM	(1.8x)	0.3x	0.0x	(0.3x)	(0.5x)
估值与收益						
EV/销售额	0.7x	0.6x	0.5x	0.5x	0.5x	0.4x
EV/EBITDA	NM	5.2x	4.2x	3.9x	3.5x	3.1x

（续）

估值与收益						
P/E	NM	23.9x	6.7x	6.0x	5.0x	4.2x
P/FCF	NM	23.5x	9.9x	8.0x	6.7x	5.5x
自由现金流收益率	NM	4.3%	10.1%	12.5%	14.8%	18.0%
投入资本回报率（ROIC）	NM	12.6%	20.5%	22.3%	25.4%	28.8%
股息收益率	—	0	—	—	—	—
股票回购	0	4,738	250	350	450	

可比公司		EV/EBITDA		P/E		自由现金流收益率		总债务/EBITDA	EBITDA利润率	ROIC	EPS CAGR
公司	股票代码	12E	13E	12E	13E	12E	13E				
奥托立夫	ALV	4.2x	4.0x	7.9x	7.6x	9.6%	9.8%	0.6x	14%	16%	2%
博格华纳	BWA	7.8x	6.8x	13.1x	11.0x	5.9%	7.2%	1.8x	15%	13%	17%
哈曼	HAR	6.0x	5.3x	13.5x	11.9x	8.2%	8.2%	1.3x	10%	7%	17%
麦格纳	MGA	3.5x	3.1x	7.7x	6.5x	8.6%	10.5%	0.1x	7%	9%	15%
天纳克	TEN	4.3x	3.8x	8.4x	7.0x	9.7%	11.3%	2.2x	8%	14%	NM
德尔福汽车	DLPH	3.9x	3.5x	6.0x	5.0x	12.5%	14.8%	1.0x	13%	21%	17%
平均值		5.1x	4.6x	10.1x	8.8x	8.4%	9.4%	1.2x	11%	12%	16%

投资主题

投资主题就像它听起来的那样，是支撑持有某只股票的核心理由。它是投资决策的基础，论证了为什么你相信这只股票是值得拥有的。

投资主题应是简洁、有条理和容易理解的。它也需要经过彻底的评估。投资者必须权衡潜在的优势和风险，在关键问题上要有足够的信心。在图 2-2 中，我们列出了一个投资主题的核心组成部分。

投资主题的构成
■ 商业逻辑
■ 管理团队
■ 成长性
■ 利润率
■ 资本收益
■ 并购
■ 估值
■ 催化剂

图 2-2　投资主题的构成

接下来，我们将详细阐述德尔福汽车的投资主题，与表 2-1A 中相对应。

- **商业逻辑**——为什么这家公司值得拥有？它的独家秘籍是什么？是什么让它成功的？有时这是相当显而易见的……但通常情况下，你必须深入挖掘才能发现是否存在可持续的优势或护城河。
  - 德尔福汽车："一流的汽车供应商，受益于全球汽车销售的周期性复苏、法规及消费者偏好所推动的'安全、绿色和互联'的行业趋势，以及中国市场的巨大增长；破产重组后，公司对产品组合进行了调整，制造成本达到了最佳水平，资产负债表也变得干净"

- **管理团队**——在经营公司和为股东创造价值方面，管理团队的过往业绩如何？董事会是否在帮助制定公司战略和愿景方面发挥了积极作用？

  ○ 德尔福汽车："首席执行官罗德·奥尼尔领导着一个资深团队，他始终任职于通用/德尔福汽车，并在破产重整期间管理德尔福汽车。在破产重整期间，德尔福汽车摆脱了不盈利的业务、缺乏竞争力的成本结构和沉重的债务负担；积极的董事会如激光般聚焦于为股东创造价值、全力支持公司管理团队"

- **成长性**——公司的增长速度有多快？是可持续的吗？这种增长主要是内生的、收购驱动的，还是两者的结合？行业的长期趋势是什么？公司的增长率与同行业公司相比如何？是否有财务性或非经营性的收益驱动因素，如股票回购、再融资或净营运亏损（NOLs）⊖？

  ○ 德尔福汽车："在未来的几年中，预期每股盈利（EPS）会以 15% 左右的复合增长率增长，受到下列因素推动：每辆车零部件增加导致销售增长超过了轻型车的产量增长，新车型平台产品渗透率增加以及股票回购等"

- **利润率**——利润率与历史水平相比如何？发展轨迹是怎样

⊖ 净运营亏损结转是指在前期产生的亏损可用于抵减未来的应税收入。

的？与同行业公司相比是高还是低？如果比同行业公司低，是否有着力提升的清晰方案，比如削减成本、经营杠杆[⊖]、定价权、产品组合？如果比同行业公司高，公司是否有成本优势或规模效益？或者，这只是由于成功的原材料成本对冲或竞争对手的自身问题而带来的暂时利益？

- 德尔福汽车："在未来五年中，由于产品组合改善、经营杠杆作用和90%以上的劳动力位于成本最优的国家（BCCs），EBITDA利润率预计从10%出头提升至15%左右（与业绩最好的可比公司一致）"

- **资本收益**——公司是否已有股票回购或分红计划？是否有足够的产生自由现金流的能力或较强的资产负债结构来支撑更高的股票回购或分红水平？

- 德尔福汽车："在IPO之前回购了价值43亿美元、通用汽车持有的公司股票，在只有0.3倍净杠杆、未来5年内没有大额债务到期以及账上持有14.5亿美元现金的情况下，预期公司未来会进行股票回购或分红"

- **并购**——公司并购的历史业绩怎么样？目前的并购和融资环境怎么样？是否有可行的收购计划（合适的收购对象与有诚意的卖家）？资产的价格是否合理？公司自身是不是一个潜在的被收购对象？公司是否有可以被分拆或出售的非核心资产？

- 德尔福汽车："在关键领域（如工程部件）存在补强型并购的可能，能够扩大市场份额、巩固市场地位和扩大规

⊖ 每一美元的增量销售额转化成为增量营业利润的程度。

模；有机会进一步调整与削减产品组合，促进核心业务的价值重估"

- **估值**——与同行业和市场相比，公司的交易价格是溢价还是折价？背后的原因为何？当前估值与历史水平相比如何？相对于其业务质量、增长前景、盈利潜力和回报，这只股票的估值水平是否便宜？

  ○ 德尔福汽车："市场给公司的估值为 3.5 倍 EV/EBITDA（2013 年预期）、5 倍市盈率和 15% 自由现金流收益率，是低端制造类供应商的估值水平，但考虑到公司的产品组合、利润率和增长前景，公司的估值水平应该比照拥有更高估值倍数的'长期增长者'同业公司"

- **催化剂**——是否有近期、中期或长期的催化剂来驱动股价上涨？公司是否可能超越盈利预期或提高盈利指引？新产品发布预期会有影响吗？是否有新的股票回购计划或分红公告即将公布？公司是否追求并购或分拆非核心业务？积极主义投资者是否会进入公司并施压以做出巨大变革？

  ○ 德尔福汽车："盈利攀升加速，补强型收购，非核心业务剥离，可能启动新的股票回购或分红计划，以及当前核心股东的最终股票出售"

业务概览

理解"这家公司实际在做什么"对你的投资主题至关重要。是的，就是这么简单。然而，很少有人真正了解他们所购买的股票背后的生意。

下一次当有人在鸡尾酒会上向你推荐股票时，一定要问问"这家公司是做什么的？"或者"这家公司是如何赚钱的？"试着问一下任何一只 FAANG[⊖]股票。这些公司是如何真正赚取其利润的？如果你遇到尴尬的沉默或含糊其辞，不要感到惊讶。

那么，理解公司业务的流程从哪里开始呢？我们推荐你从浏览公司官方网站、SEC（美国证券交易委员会）要求的披露文件（10-K[⊜]，10-Q[⊜]，或 S-1^⑭，如适用）和近期的投资者简报（investor presentation）^⑤开始。卖方研究报告也能帮助你快速了解公司。幸运的是，你应该可以从你的股票经纪账户中获取这些研究报告^⑥。

除了公司介绍之外，投资研究记录模板的核心关注方面还包括产品与服务、客户与终端市场、竞争情况以及地理区位（见图 2-3）。

业务概览
- 公司介绍
- 产品与服务
- 客户与终端市场
- 竞争情况
- 地理区位

图 2-3　业务概览

⊖ 脸书、亚马逊、苹果、奈飞和谷歌这五家公司被合称为 FAANG。

⊜ 10-K 表格是上市公司向美国证券交易委员会提交的年度报告，其中提供了公司的综合概览和过去年度的财务表现。10-K 表格通常是在公司财年结束后的 60 天内提交。SEC 披露文件可在公司网站或证券交易委员会官方网站上找到。

⊜ 10-Q 表格是上市公司向 SEC 提交的季度报告，通常在公司财季结束后的 45 天内提交。

⑭ S-1 表格是计划在美国的证券交易所上市的公司向 SEC 提交的注册文件，即招股书。

⑤ 可查看上市公司网站的"Investor Relations"（投资者关系）或"Investors"（投资者）部分。

⑥ 大多数证券经纪商为个人投资者提供自家或附属机构的研究报告。

公司介绍

理解一家公司的核心业务运营是接下来一切的开端。在公司介绍部分中，德尔福汽车公司：

"为全球汽车和商用车市场提供电气／电子、动力系统、主动安全系统和热力解决方案的汽车零部件制造商；在 30 个国家拥有110 家制造工厂和 10.2 万名员工"

每家上市公司都是按其所处的行业或市场进行分类的，比如消费品、医疗保健、工业和科技等。这些分类可进一步按子行业和地理区位细分。行业和地理区位分类对于提供在增长驱动因素、竞争动态和风险等方面的关键洞见非常重要。市场在进行估值时会考虑到这些分类。

以德尔福汽车为例，德尔福汽车是一家汽车行业的工业公司，处于汽车供应商子行业，并在全球范围内开展业务，在中国有相当规模的业务。虽然德尔福汽车的分类很直接，但其他公司的分类可能更难确定。比如亚马逊——它是一家科技公司，还是属于零售、物流或其他尚未确定的行业？

除了行业、子行业和地理区位，精练的公司介绍提供了关于德尔福汽车的关键信息。首先，这家公司为整车制造商（OEM）⊖提供零部件。这意味着销售收入由全球汽车需求驱动，伴随着相应的机遇和挑战。其次，公司拥有庞大的客户群，并在许多国家开展业务，这表明该公司具有规模优势和全球影响力。

⊖ 整车制造商（Original Equipment Manufacturers）指汽车和卡车的制造商，如通用汽车、福特和大众。

产品与服务

产品与服务是公司商业模式的核心。主要的产品分类很简单，比如汽车零部件、食品饮料、移动设备、处方药和钢铁。它们的种类从大宗商品到特殊商品。主要服务分类包括银行、咨询、分销、住宿和电信。

产品与服务部分罗列了德尔福汽车的主要产品：

"电气结构（占销售额40%；连接器，接线总成，电气中心），动力系统（占销售额30%；燃料处理和喷射，燃烧，电子控制），电子和安全（占销售额19%；车身控制，接收系统，信息娱乐系统），以及热力（占销售额11%，冷却和加热系统）"

德尔福汽车的核心产品和服务被强劲的长期增长动力所支撑。收紧的监管要求推动了汽车安全性和燃油效率的提高。与此同时，消费者要求提升车辆连接性和信息娱乐功能。根据第一步中的分析，行业的驱动因素带来了比市场更快的增长，同时帮助公司免受市场波动和周期性的影响。

在探索公司的核心产品时，我们建议访问公司网站来查看照片和介绍。在第二步之外更深入的调查应包括尽可能亲自尝试使用产品和服务。它们是独一无二的吗？它们对客户来说是必不可少的吗？是否有更便宜的替代品？它们在行业的生态系统中处于什么位置？这些因素是企业实现长期可持续发展的基础。

客户与终端市场

客户是指公司产品和服务的购买方。公司客户的数量和多样性很重要。一些企业服务于广泛的客户群，而另一些则瞄准专业市场或利基市场。

低客户集中度通常意味着低风险。与此同时，一个规模可观的长期客户基础有助于为未来的现金流提供可预见性和强有力支撑。

终端市场指的是公司销售产品和服务所针对的更为宽泛的基础市场[⊖]。终端市场需要与客户区分开来。一家公司把产品卖给建筑市场，但它面对的客户是零售商或供应商，而不是房屋建筑商（即终端客户）。

德尔福汽车的客户与终端市场部分提到，德尔福汽车将其产品卖给：

"所有 25 家全世界最大的整车制造商（OEMs）；21% 的销售收入来自通用汽车，9% 来自福特，8% 来自大众，6% 来自戴姆勒，5% 来自标致，4% 来自雷诺，3% 来自菲亚特集团；公司的产品可以在绝大多数畅销的车型中找到"

仅在十年前，德尔福汽车对通用汽车的依赖度还超过 75%，而在过去的几年里，它的客户基础大大多样化了。在首次公开募股（IPO）时，通用汽车是唯一一家占总销量 10% 以上的客户。此外，在美国最畅销的 20 款车型中有 17 款使用了德尔福汽车的产品，在中国的热销车型中有 65% 使用了德尔福汽车的产品，欧洲的顶级车型中也都使用了德尔福汽车的产品。尽管这种多元化在任何一个客户、车型或地区遇到冲击时都有所助益，但新兴市场的敞口带来了更高的波动性。

⊖　终端市场一词用来表示价值链中的最终交易发生在何处。通常，它是最终用户所在的市场。——译者注

竞争情况

在一个行业中，参与者的数量和它们的互动性质对任何企业的成功都是至关重要的。行业里竞争对手的数量可能从零（即自己是垄断者），到少数几个（即行业参与者实现寡头垄断），再到多达几十个或更多的公司提供相似的产品和服务。

通常情况下，竞争对手越少越好。然而，这种关系并非万无一失。一两个不上道的对手就能破坏行业的良性竞争环境。同样，即使是有多个参与者的行业也可能具有吸引力，这取决于参与者们的行为模式。

德尔福汽车的竞争情况部分写道，这家公司：

"70% 的业务在细分市场占据第一或第二的位置；主要竞争对手包括：博格华纳、博世、大陆、电装、哈曼、住友和矢崎"

"新德尔福"战略性地对其业务组合进行了重新配置，将重点放在长期成长型业务上，在这些业务中，公司在各业务的细分市场占据领导地位、旨在赢得市场。这与试图向行业里所有潜在客户提供一切产品和服务的"老德尔福"截然不同。其最后结果是将 119 条产品线减少到 33 条。

这意味着德尔福汽车已开始将自己与业务更宽泛的同行区分开来。它正在转向高端的专业供应商类别，这个领域中大约只有六家真正的全球竞争对手。虽然这一细分市场竞争激烈，但与同行相比，德尔福汽车拥有数项优势。

从竞争角度来看，德尔福汽车的全球战略足迹和低成本基础提供了服务、质量和价格优势。公司还拥有广泛的产品基础，这些产品同时适用于现有和新的汽车平台标准，这增强了客户黏性。此外，公司改善后的、以工程技术为基础的公司文化为交付下一代产品打下坚实基础。

由罗德·奥尼尔领导的公司管理团队与积极的董事会之间紧密合作也是一项关键优势。他们共同引领全公司对价值创造的紧密关注，这种关注程度渗透到整个公司的方方面面。这一点从成本的持续改进、资本的有效分配以及业务与财务相结合的流畅度等方面得到了证明。

地理区位

处在不同地理区位和销售收入来自不同地区的公司可能在核心业务驱动因素和特点方面有着显著的差异。这些公司在增长率、竞争动态、进入市场的路径、成本结构和机遇／风险方面有着根本性的差异。

例如，一个以美国为中心的企业，其表现可能与一个拥有广泛全球业务的企业不同。货币也在财务业绩中发挥作用。因此，在商业角度相似的公司可能会因为其地理足迹而有着明显不同的财务业绩和估值。

德尔福汽车的地理区位部分提到，德尔福汽车公司：

"2010 年的销售收入中 33% 来自北美，43% 来自欧洲，16% 来自亚洲，8% 来自南美洲；预计在未来 5 年内，亚洲将占到销售增长里 50% 以上的份额"

德尔福汽车的广泛地理区位布局既提供了机会，也带来了风险。公司立足于北美，为其在世界上最可靠的市场提供了一个稳定的基础。在亚洲，尤其是中国这个全球最大、增长最快的市场上，公司有望获得大额回报。与此同时，欧洲市场对德尔福汽车的销量贡献最大，但欧洲市场已经成熟，短期内公司面临着汽车产量可能下降的不利因素。我们将在第三步中探讨每个市场独特的前景和影响。

管理团队

优秀的首席执行官（CEO）通常对股东价值有着深刻的理解并专注于提升股东价值。他们擅长制定和执行与提升现金流、收益和每股指标直接相关的优秀战略。顶级 CEO 往往善于与投资者沟通，能够有效地阐明他们的战略和公司股票中的投资机会。当然，口说无凭。他们的愿景需要被公司业绩表现所证明。对于公司战略中不可或缺的其他关键成员，如首席财务官（CFO）、首席运营官（COO）或董事会成员，情况也是如此。

投资者们经常争论到底是赌马还是赌赛马师。许多人坚定地相信"马"的重要性——这意味着，即使是最优秀的 CEO 也无法修复一家存在根本性缺陷的公司。或者，一家伟大的企业可以自我运营。但是，为什么就此而争论？为什么不两者兼得呢——一家拥有出色 CEO 和团队并具有强烈吸引力的公司？

几乎没有人会不同意这样一个观点：无论对于哪家公司，管理团队都是关键成功因素。至少，高质量的公司需要有能力的领导者来确保公司正常运营。更现实的是，他们每天都要面对提升业绩和保持领先于竞争对手的挑战。从另一个角度讲，陷入困境的公司需要有经验的管理团队来渡过难关，让公司回归正轨。

对公司管理团队的评估是尽职调查的一个基本部分。对很多投资者而言，拥有一位强大的 CEO 是筛选公司的一个门槛指标。某些 CEO 在投资者中拥有近乎狂热的追随者。图 2-4 总结了评估

CEO 或管理团队能力的基本框架。

```
┌─────────────────────────────────────────┐
│ 管理团队评估                             │
├─────────────────────────────────────────┤
│  ■ 历史业绩                              │
│  ■ 薪酬结构                              │
│  ■ 名声                                  │
└─────────────────────────────────────────┘
```

图 2-4　管理团队评估

历史业绩

评价 CEO 能力的最佳指标也许就是历史业绩了，最值得关注的是股东回报。评估公司在这位 CEO 领导下的股价表现，包括与同业公司对比以及与标普 500 指数等指数进行对比。你还应该从绝对和相对两方面，研究销售收入和利润的增长。

当然，过往的业绩记录可能具有误导性，而且"过去的业绩并不总是未来成功的指标"。将有利的行业趋势与 CEO 业绩或纯粹运气区分开来很难。然而，在多家公司以及在不同周期中表现优于同行的持续历史业绩记录是令人信服的。

其中一位 CEO 就是具有传奇色彩的价值创造者约翰·马隆（John Malone）。从 1973 年一直到 1999 年公司被美国电话电报公司（AT&T）收购，马隆一直担任电信通信公司（TCI）的 CEO，他推动 TCI 的股价从拆股调整后的低于 0.25 美元涨至 65 美元以上。这意味着年化 30% 的回报率，而同期标普 500 指数的年化回报率为 14%。此后，马隆还管理了其他数家上市公司，这些公司都创造了高于市场平均的回报。

在德尔福汽车，罗德·奥尼尔在 2005 年 1 月成为公司董事长和 COO，并在 2007 年 1 月被升职为 CEO。在接过这家不具有成本结构竞争优势的破产公司后，奥尼尔领导的团队实施了大胆的行动计划。德尔福汽车大幅减少了生产线的数量，终止了负担沉重的工会合同，将 91% 的时薪员工转移到具有成本优势的国家，并剥离了大量亏损部门。

奥尼尔的副手、CFO 凯文·克拉克在费舍尔科学公司（Fisher Scientific）时就有过出色业绩。他已证明自己在成本约束、资本配置和并购方面都特别擅长。此外，德尔福汽车董事长杰克·克罗尔（Jack Krol）来到德尔福汽车时，已拥有在最大、最成熟的全球工业企业之一杜邦公司 30 年的成功历史业绩。

表 2-2 展示了这个管理团队行动的影响。

表 2-2　德尔福汽车的转型

德尔福汽车的转型			
	2005	2010	% 差异
业务指标			
生产线	119	33	(72%)
业务部门	7	4	(43%)
员工人数（千人）	200	102	(49%)
美国联合汽车工会员工人数（千人）	23	—	(100%)
具有成本优势国家的劳动力占比	30%	91%	61%
临时工	8%	30%	22%
养老金与其他退休金负债（10 亿美元）	9.2	0.7	(92%)
销售管理费用开支（10 亿美元）	1.6	0.9	(44%)
资本开支（10 亿美元）	1.2	0.5	(58%)
销售情况（占总销售的比例 %）			
按地理区域分类			
北美洲	68%	33%	(35%)
欧洲	25%	43%	18%
亚太地区	2%	16%	14%
南美洲	5%	8%	3%
按客户分类			
通用汽车	48%	21%	(27%)
福特	5%	9%	4%
大众	3%	8%	5%

薪酬结构

高管持股和薪酬结构也能提供有用信息。与雄心勃勃的业绩目标或股价门槛挂钩的股权激励，往往表明管理团队具有坚定信心。

德尔福汽车的 CEO 罗德·奥尼尔和 CFO 凯文·克拉克都被强烈激励来为股东创造价值。作为由董事会与银点资本和埃利奥特管理公司共同设计的激励计划（被称为"价值创造计划"）的一部分，奥尼尔和克拉克分别被授予 135 万和 67.5 万股股票，这在 22 美元 / 股的 IPO 价格下，等同于大约 3000 万美元和 1500 万美元，从而管理团队与股东形成强烈的利益一致性。此外，高管未来的年度薪酬与主要财务指标挂钩，包括 EBITDA（权重 70%）、自由现金流（权重 20%）和销售预订量（权重 10%）。

名声

虽然 CEO 的名声可能是主观的，但一些初步的挖掘可以揭示相当多的信息。当投资专业人士对一只股票的投资机会更加认真投入时，他们会咨询行业领袖、竞争对手和卖方研究分析师对于公司 CEO 的看法。当然，轶闻证据需要事实支持和历史业绩进行交叉验证。

除了卓越的运营和股东价值创造，你还需要认可管理团队的道德准则和可信度。常言道："上梁不正下梁歪"，大多数欺诈和会计违规行为都可以追溯到高级管理层。通过在一开始关注管理团队的职业道德和可信度，你就有效管理了一项主要风险。

在德尔福汽车及其前身通用汽车[⊖]40 多年的工作生涯中，奥尼

   ⊖   德尔福汽车的前身是通用汽车零部件子公司。——译者注

尔的领导力和正直在公司内外都赢得了良好声誉。在破产期间，奥尼尔监督了一项影响深远的行动计划，该项计划由董事会和控股股东帮助制订并实施。该计划的成功执行还需要鼓舞公司的普通员工，让他们不顾破产带来的痛苦和分心，立即采取行动。

风险与考虑因素

风险评估指的是识别和量化可能破坏投资主题的因素。你需要好好想想哪些地方可能会出错。这些陷阱可能从宽泛的宏观风险到非常具体的公司或行业特定问题。有些风险更重大，有些可以被减轻，还有一些是公司无法控制的。

当然，任何投资决策都有风险。关键是要事先准确地识别和处理它。巨大的风险可能代表巨大的机遇。通过周期性的反弹、重组、去杠杆、新战略或管理团队提升，陷入困境的公司可能会有大幅增长空间。同样，低风险的情况可能会限制诱人回报的前景。

无论如何，"风险/回报"关系必须是完备的——高风险需要用高回报来补偿。通过量化股票的风险，你可以将其风险与上涨潜力进行比较，并做出明智的决定。这是建立股票的目标股价（price target, PT）的关键部分（请参见第 4 章）。

在这方面，上市公司为投资者提供了一些帮助。上市公司被要求在 10-K 文件的"风险因素"一节列出并讨论公司面临的主要风险。虽然这些风险因素提供了有帮助的指引，但你必须做好自己的工作，对最严重的风险形成自己的看法。

一些公司相对稳定，比如必需消费品公司，其风险与整体经济或供应商问题相关。其他公司则更具周期性，比如汽车或钢铁公司，其风险与背后的终端市场、大宗商品和货币相关。还有一些公司可能面临被淘汰或被替代的根本风险，比如实体零售。

对于德尔福汽车，我们在表 2-1A 中提供了关键风险总结概览，以及在第三步中的综合评估。考虑到该公司 2009 年从破产中复苏，以及汽车行业在大衰退期间的急剧下滑，主要风险是全球汽车生产的周期性。当时的投资者情绪确实颇具挑战性。

考虑到短期经济展望的疲弱，该公司在欧洲的大量敞口也需要仔细思量。与此同时，中国令人兴奋的增长故事掩盖了潜在的波动。在欧洲和中国敞口的背后是外汇风险，65% 的销售收入以美元以外的货币计价。汇率的波动可能会降低美元报表的收益或对价格竞争力形成负面影响。

最后，原材料涨价对利润构成潜在威胁，尤其是铜和树脂产品价格的大幅波动。虽然德尔福汽车在过去曾将成本增加转嫁给客户，但未来这种做法不一定能成功。同时，该公司不断扩大的新兴市场敞口，为原材料价格上涨提供了天然的对冲。大宗商品价格与新兴市场表现往往高度相关。

财务与估值

现在，你对公司业务已有了基本了解，并形成了投资主题，是时候研究一下公司的财务状况和估值了。在财务方面，要特别关注关键趋势和改善机会。在估值方面，要高度警惕与同业公司相比的不合理折价（或溢价）。

在图 2-5 中，我们列出了初步研究的重点领域。标题与我们的投资研究记录模板的第二页相对应（见表 2-1B）。

财务与估值
■ 市场数据
■ 财务摘要
■ 信用指标
■ 估值与收益
■ 可比公司

图 2-5　财务与估值

市场数据

我们模板中的市场数据部分展示了股票的基本信息，包括股价、52 周回报[一]、52 周高点百分比、股票数量和日均成交量（ADV）。我们还展示了市值、净债务和企业价值。

市值（或股票价值）是指股票市场赋予公司股权的价值。它是公司当前的股价乘以其经稀释的股份数（见式（2-1））[二]。

$$市值＝股价 \times 完全稀释后股份数 \qquad 式（2-1）$$

企业价值是公司所有持有者的权益总和，即债权和股权持有者对资产的要求权。换句话说，即股票市值、债务、优先股和少数股东权益[三]的总和。然后，现金及等价物会作为债务的抵消被减去（见式（2-2））。

$$企业价值＝股票市值＋总债务＋优先股＋$$
$$少数股东权益－现金及等价物 \qquad 式（2-2）$$

虽然根据市值和企业价值并不能直接下结论，但其可以提供相

[一] 年初至今（Year-to-day，YTD）数据也是常用的数据。

[二] 完全稀释的股份数的计算方法为：公司的基本股份加上"价内"的股票期权、认股权证及可转换证券所对应的股份数。

[三] 不被母公司拥有的子公司的股份。

当多的信息。市值规模提供了有关企业规模、竞争地位、购买力和增长前景的线索。交易量告诉你股票的流动性。这可以帮助你衡量这只股票的市场深度，包括需要多少天来清空持仓。

综合来看，市值和流动性会影响一家公司股东基础的性质和覆盖面，并可能影响其估值。例如，超过一定规模和流动性的公司可能有资格被纳入关键的股票指数或 ETF，从而吸引更广泛的投资者群体。此外，该股的 52 周或年初至今的回报率和 52 周高点百分比会助你知晓市场是否已经发现了这个投资机会。

如表 2-1B 所示，德尔福汽车在 2011 年 11 月 16 日 IPO 定价为每股 22 美元。该公司拥有 3.28 亿股股票，相当于 72 亿美元市值。加上大约 8.2 亿美元净债务和 4.62 亿美元少数股东权益，其企业价值为 85 亿美元。

财务摘要

财务摘要部分展示出关键的历史和预期财务数据。在表 2-1B 中，我们展示了销售收入、毛利润、EBITDA、净利润和自由现金流。我们还展示了每股指标，即，每股盈利（EPS）和每股自由现金流（FCF/S）。对增长率、盈利能力和创造自由现金流能力的快速分析，可以告诉你关于公司财务健康状况和未来前景的很多信息。

对于增长率，投资者会研究历史和预期最高和最低的表现，密切关注加速或减速的趋势。卖方股票分析师会对公司未来两到三年的一致预期（consensus estimates）[⊖]提供初步的看法。这些数字或多

　⊖　研究某只股票卖方分析师们的预测平均数或中位数。

或少受公司管理层的指引。

盈利能力衡量一个公司将销售转化为利润的能力，以"利润率"来表示。利润率采用一种衡量利润的指标作为分子，如毛利润、EBITDA 或净利润，以销售收入作为分母。更高的增长率和利润率通常会带来更高的估值。

自由现金流的创造能力是衡量公司财务健康状况的一项关键指标。它衡量一个公司考虑到资本开支（capex）[一]和净营运资本（NWC）[二]后实际产生的现金。计算自由现金流的方法有很多种，最基本的公式是营运现金流（即经营活动产生的现金流量）[三]减去资本开支（见表 2-3）。也可以用这种方法计算：净利润加折旧及摊销（D&A）[四]，减去资本开支，减去净营运资本的增加额。第三种选择是从 EBITDA 开始，然后减去税费、利息费用、资本开支和净营运资本的增加额。

健康的自由现金流创造能力为各种资本配置选项提供了灵活性，投资于内生增长项目、为并购提供资金、向股东返还资本、偿还债务，或者只是把它们作为备用资金，都是"自由支配的"。因此，它受到投资者的密切关注。

[一] 资本开支（capex）是指公司用来购买、改进、扩张或重置厂房和设备（PP&E）的资金（详见第 3 章）。
[二] 净营运资本（NWC）是指公司在短期运营中所需要的现金数额（详见第 3 章）。
[三] 指企业在考虑资本开支之前特定时期内所产生的现金，在现金流量表里列示。
[四] 折旧是一项非现金费用，它估算公司的厂房设备在预期使用年限内账面价值的年减少额，折旧费用会减少当期利润。摊销也是一种非现金费用，对于公司可以确定寿命的无形资产按照其使用年限每年分摊购置成本，摊销费用也会减少当期利润。

表 2-3　自由现金流的计算方法

（单位：百万美元）

自由现金流计算					
方法一		方法二		方法三	
营运现金	1 000	净利润	650	EBITDA	1 565
减去：资本开支	(500)	加上：折旧 & 摊销	450	减去：税费	(315)
		减去：资本开支	(500)	减去：利息费用	(150)
		减去：净营运资本的		减去：资本开支	(500)
		增加额	(100)	减去：净营运资本的	
				增加额	(100)
自由现金流	500	自由现金流	500	自由现金流	500

　　当查看公司的财务报表时，根据你的观察记录下关键问题。这些问题将在第三步中做进一步探讨，在第三步中，你将进行更详细的尽职调查，并搭建出一个完整的财务模型。

　　举例来说，基于表 2-1B，在这个阶段对德尔福汽车的关键问题包括：

- 在经历了前一年的大幅下滑之后，是什么因素驱动了 2009～2010 年接近 18% 的销售增长？
- 为什么毛利润从 2009 年到 2010 年大幅增长？
- 2009～2011 年，经稀释后的股数为何会大幅下降？
- 未来预期方面，为什么毛利率和 EBITDA 利润率预计将持续增长？
- 预期到 2014 年每股盈利增长超过 50% 现实吗？
- 为什么未来净利润会显著超过自由现金流？

信用指标

信用指标部分提供了一家公司资产负债表和信用质量的概览。

虽然总债务数额很重要，但杠杆率和利息覆盖倍数更能说明问题。但采用比率分析的同时，也必须辅之以更多的定性分析，如行业、周期和历史情况。

可接受的杠杆率和利息覆盖倍数因行业和商业模式而异。一个拥有高度可预见和可靠现金流的公司可以更好地支撑更高的杠杆率，比如有线电视或基于订阅模式的软件公司。对于拥有大量流动性强的资产的公司，情况也是如此⊖。另外，周期性企业或客户集中度高的企业应该保持更为保守的资产负债结构。

对一些投资者来说，信用质量是一个门槛。尽管有其他有利的业务特征，但如果公司的杠杆率高于某一水平或利息覆盖倍数低于某一水平，则可能无法通过初始筛选。上述指标的变化趋势也很关键。杠杆率的下降和利息覆盖倍数的提升是财务健康状况得以改善的迹象。

杠杆指的是一家公司的债务水平，通常用EBITDA的倍数来衡量，例如总债务与EBITDA之比。投资者还关注净债务与EBITDA之比，该比率对公司资产负债表上的现金进行了调整（见式（2-3））。公司的杠杆揭示了关于财务政策、风险情况和增长能力的很多信息。

一般来说，一家公司杠杆率越高，其财务困境风险就越高。这是由于更高的利息费用和本金偿还带来的负担。然而，正如前面提到的，某些生意能够更好地支持使用更高的杠杆水平。

德尔福汽车2011年预期的总债务/EBITDA为1，净债务/

⊖ 贷款机构倾向于青睐那些拥有大量资产可以被快速清算的公司，以便在危机期间偿还债务。

EBITDA 为 0.3 倍，以任何标准衡量，这些指标都表现强劲。

$$杠杆率＝总债务 / EBITDA$$

$$杠杆率＝净债务 / EBITDA（其中，净债务＝总债务－现金）$$

式（2-3）

利息覆盖倍数指的是公司能够履行（"覆盖"）其利息支出义务的能力。覆盖倍数的分子是经营现金流指标，分母是利息费用，例如 EBITDA/ 利息费用。"（EBITDA－资本开支）/ 利息费用"这一指标中扣除了公司的资本开支，可以提供更多关于信用质量的信息（见式（2-4））。

直觉上来说，利息覆盖倍数越高，公司就越有能力履行其债务义务。就像其杠杆率一样，德尔福汽车 2011 年预期的 EBITDA / 利息费用是 16.6 倍，非常健康。

$$利息覆盖倍数＝EBITDA / 利息费用$$

$$利息覆盖倍数＝（EBITDA－资本开支）/ 利息费用$$

式（2-4）

独立信用评级机构，包括穆迪投资者服务公司（Moody's）、标准普尔（S&P）和惠誉评级（Fitch Ratings），可提供对企业信用状况的正式评估。评级越高，信用质量越高[一]。

估值与收益

估值与收益部分展示了各种衡量指标，包括 EV/EBITDA、P/E、自由现金流收益率和投入资本回报率（ROIC）。我们还衡量资

[一] 穆迪的信用等级采用字母和数字并用的系统，而标准普尔和惠誉则采用字母系统结合加号（+）和减号（-）来表示信用质量的高低。

本回报，包括股息收益率和股票回购。根据公司或行业的不同，一些估值指标可能比其他指标更有意义。

评估价值的能力对选股至关重要。根据你初步阶段的工作，你可能会认为一家公司的股票价格是合理的。这是通常情况。然而，当你发现一家公司的股价与你认为的实际价值之间存在严重脱节时，事情就变得有意思多了。

首先，你要进行"快速而粗略"的估值，来了解这个投资机会是否值得追求。如果情况看起来具有吸引力，就需要进行深入全面的估值分析（请参见第4章）。

估值

交易倍数是估值的核心。一家公司的估值倍数应该反映其质量、业绩和前景。与同行相比，更高的增长率、更高的利润率和更低的杠杆率应该会带来更高的估值倍数。与这种关系的背离可能预示着投资机会。

EV/EBITDA是大多数行业的估值标准（见式（2-5））。这种广泛应用根源于它独立于企业资本结构和税收的这一特点。因此，两家债务水平不同的相似公司的EV/EBITDA倍数应该也相对接近[⊖]。EV/EBITDA对于净利润很少或没有净利润的公司的估值也更为重要，比如高杠杆、周期性强和处于早期阶段的公司。

EV/EBITDA还对可能因公司之间折旧与摊销差异而产生的扭曲进行了正常化处理。一家公司可能近年来在新设备上投入巨资，导致折旧与摊销的提高，而另一家公司则可能推迟了资本开支。

⊖ 然而，债务水平非常高的公司通常会因为财务困境方面的担忧而有所例外。

德尔福汽车 2013 年预期的 EV/EBITDA 为 3.5 倍，与同行相比有 1.1 倍的折扣。这种差异是因为德尔福汽车的破产和长期缺席公开市场导致的吗？还是市场看到了更根本的问题？

$$\text{企业价值 /EBITDA} \qquad \text{式（2-5）}$$

市盈率（P/E）是被主流市场所公认使用的交易倍数（见式（2-6））。市盈率可被视为投资者愿意为公司每一块钱盈利支付多少钱的衡量指标。与同行相比，市盈率更高的公司往往有更高的增长预期。

市盈率对于具有持续增长每股盈利（EPS）能力的成熟公司尤为重要。但对于盈利很少或没有盈利的公司就没那么有用了，因为作为分母的"盈利"值很小，甚至是负数。

在比较资本结构不同的公司时，市盈率的作用也比较小。由于每股盈利中扣减了利息费用，它会受到债务水平所带来的影响。因此，两家销售额和 EBITDA 利润率相近的公司，由于杠杆水平不同，可能会有显著不同的市盈率。

与德尔福汽车的 EV/EBITDA 一样，其 2013 年预期市盈率为 5 倍，远低于增长率、利润率和杠杆水平相似的同行。可比公司市盈率接近 9 倍。德尔福汽车的股价是否应该被折价的幅度如此之大？

$$\text{市盈率＝股价 / 稀释后 EPS} \qquad \text{式（2-6）}$$

股价 / 每股自由现金流（P/FCF）的计算方法为目前的股价除以每股自由现金流。在这个意义上，它类似于 P/E，但用每股自由现金流（FCF/S）代替了每股盈利（EPS）作为分母。

它的倒数，每股自由现金流 / 股价（自由现金流收益率）衡量了公司产生的现金流占其市值的百分比。"自由现金流收益率"代表了股权价值的现金回报，以及理论上有多少现金可以返还给股东

（见式（2-7））。

许多专业投资人士认为自由现金流是最合适的估值基础。像 EBITDA 和 EPS 等指标是可以被操纵的，所以按这种指标来判断估值也一样受其影响。但"现金为王"，一家公司当期产生的、能够花费的资源用 EBITDA 衡量并不准确，而自由现金流是更为直接的指标。

德尔福汽车 2013 年预期自由现金流收益率约为 15%，相比同行业公司为 9.4%，特别是其强劲的每股自由现金流增长潜力，看起来非常有吸引力。

股价/每股自由现金流和自由现金流收益率

P/FCF＝股价/每股自由现金流

自由现金流收益率＝每股自由现金流/股价　　式（2-7）

其他一些估值倍数适用于特定行业，例如，金融、自然资源、房地产和有线电视或电信。如表 2-4 所展示的，这些估值倍数的分子是市场价值指标，分母是运营指标。

表 2-4　几种特定行业的估值倍数

估值倍数	行业
企业价值/运营指标	
EBITDA＋租金（EBITDAR）	• 赌场 • 饭店 • 零售
EBITDA＋折耗 & 勘探费用（EBITDAX）	• 自然资源 • 油气
储量	• 自然资源 • 油气
订阅用户	• 有线电视 • 通信

（续）

估值倍数	行业
股权价值（股价）/ 每股指标	
账面价值	• 金融业 • 建筑业
可供分配现金	• 房地产
可自由支配现金流	• 自然资源
营运现金流（FFO）	• 房地产（REITs）
资产净值（NAV）	• 金融业 • 房地产（REITs）

收益

投入资本回报率（ROIC）衡量的是一家公司向资本提供者提供收益（或回报）的能力。如式（2-8）所示，ROIC 通常被定义为受税收影响的息税前利润（EBIT）除以投入资本。最常用的投入资本计算方法是营运资本加上厂房与设备（PP&E）净值加上其他营运资产，或用净债务加所有者权益来计算。

投资者倾向于选择回报指标持续超过其资本成本的公司。这些超额收益都应归股东所有。

德尔福汽车的 ROIC 为 20.5%，无论从绝对数字还是与同行相比来看，这都是一个健康的数字，大幅超过其 10% 的资本成本。正如在第一步中所指出的，高 ROIC 结合低估值是一个常用的选股指标。

$$\text{ROIC} = \frac{\text{EBIT} \times (1 - \text{税率})}{\text{营运资本} + \text{厂房与设备净值} + \text{其他营运资产}}$$

或

$$\frac{\text{EBIT} \times (1 - \text{税率})}{\text{净债务} + \text{所有者权益}} \qquad \text{式（2-8）}$$

〇 加权平均资本成本（WACC）详见第 4 章。

股息收益率是指公司每年向股东支付的每股股息（分红），以当前股价的百分比表示（见式（2-9））。股价为 20 美元、年派息为每股 0.50 美元的公司，其股息收益率为 2.5%。

虽然很多投资者看重稳定派息的公司带来的直接资本回报，但另一些投资者则因为税务方面的低效或者认为业务缺乏成长性而避开这类公司。德尔福汽车上市时是不分红的。这是新上市公司的典型做法，以免削弱它的增长故事。

然而到 2013 年初，情况改变了。德尔福汽车强劲的现金流、对业务的信心、对资本回报的承诺以及扩大其投资者基础的诉求，促使公司开始派发季度股息。当时的股息收益率大约为 1.7%。

$$股息收益率 = \frac{最近季度的每股股息 \times 4}{当前股价} \qquad 式（2-9）$$

可比公司

可比公司部分展示了与该公司最相近的同业上市公司的估值情况小结。在这个阶段需要注意的是，这是一个初步的可比公司组。在第四步中，更加深入的尽职调查将产生更为精练和细分的比较分析。

如表 2-1 所示，关键的可比公司数据包括估值倍数、杠杆倍数、EBITDA 利润率、ROIC 和 EPS 增长率。可比公司可能是最常见的估值工具，因为它提供了实时的基准。

可比公司的基础建立在这样一个前提之上：相似的公司为基准估值提供了一个自然参考点。因为它们有相似的业务和财务特征、绩效驱动因素和风险因素，这点是很直观的。

快速浏览一下表 2-1B 中的可比公司表就可以了解这一点。尽管德尔福汽车的 EBITDA 利润率和 ROIC 大约是麦格纳（MGA）的两倍，但其市盈率却低于麦格纳。德尔福汽车处于行业高位的自由现金流收益率加剧了这种差异。此外，尽管麦格纳公司正在沿着三个核心的行业增长主题进行自我革新，但麦格纳的大部分业务都是生产驱动的。

与此同时，尽管德尔福汽车有更多利润上升空间和更好的回报情况，以动力系统业务为核心的最好同业公司博格华纳（BWA）的市盈率是德尔福汽车的两倍多，而其自由现金流收益率不到德尔福汽车的一半。显然，博格华纳的长期增长故事比德尔福汽车在市场上获得了更多的认可。

因此，根据我们的初步评估，与同行相比德尔福汽车似乎是被错误定价的：一个一流的优质供应商，还没有因其长期潜力得到市场认可。在第四步中，我们将进一步探讨德尔福汽车与同业公司之间的差异，向你展示如何以同行公司为基准、进行更深入的估值工作。

初步评估

总的来说，我们对德尔福汽车的初步研究产生了关键的洞见。在破产期间和破产后，大股东和董事会与管理团队精诚合作，实行了许多措施来削减成本并与行业发展的核心长期主题保持一致。公司的产品组合得到了显著的改进与提升。我们还确定了推动重新估值的潜在催化剂，包括运营改进、并购和资本回报。然后，我们识别出了与汽车行业周期、地理区位和外汇相关的关键风险。

在财务方面，我们看到了德尔福汽车的收入和净利润的发展趋势。德尔福汽车的估值具有巨大的吸引力——从 EV/EBITDA、市盈率和自由现金流收益率等所有相关指标来看，这只股票相对于具有长期增长前景的汽车供应商同行都显得便宜。

这种以周期性的低估值获得长期增长的机会有多靠谱？德尔福汽车和同行的估值差距表明，这家公司要么注定要失败，要么被严重低估。

到目前为止的研究表明后者是正确的。市场似乎仍被"老德尔福"及其破产的污名分散着注意力。许多大型共同基金在"老德尔福"的亏损中损失惨重，不愿以全新的眼光重新审视这项投资。然而，精明的投资者把注意力聚焦在了大幅转型后"新德尔福"的投资机会上。但是，在第三步和第四步中我们还需要做更多的工作。

关键点总结

- 有经验的投资者会采用有条理的流程来预先评估潜在的投资对象。

- 当你制定出自己的投资标准后，你将能够快速地剔除明显的异类，并锁定潜在的赢家。

- 投资主题由支持你持有某只股票的核心要点组成。

- 初步评估的结果需要让你想投资于这家公司。

- 衡量 CEO 业绩的最好指标是其之前带给股东的回报。

- 高风险并不意味着不能购买一只股票，只是需要用更高的回报来补偿。

- 理想情况下，你的前期工作可以让你识别出公司估值与同行之间相比的潜在差距。

第 3 章

第三步：商业与财务尽职调查

是时候来深入挖掘你的最佳投资机会了

现在是时候进行详细的商业和财务尽职调查了。下面列出的许多尽职调查项目都是在第二步中进行了初步的研究。你对于评判更进一步的研究工作获得了初步的信心。现在，你将进行更深入的探索。

对于商业尽职调查，你将力图弄清楚这家公司商业模式的质量。这是一项拥有坚固"护城河"、能够实现可持续发展的业务吗？或者，这项业务一直在苦苦挣扎，但你看到了一条救赎之路？这种分析大多数是定性的，需要可靠的判断力和洞察力。对特定商业模式与行业的经验和熟悉程度尤其有帮助。我们将帮助你建立快速剖析业务的技能。

对于财务尽职调查，你必须查看公司的核心财务报表，来了解它过去的情况和未来的发展方向。财务分析的很大一部分工作是对关键财务科目的观察并寻求合理解释。为什么销售收入会增长或降低？为什么利润率会扩张或收缩？找到"为什么"的答案至关重要。

全面尽职调查不仅应是简单地识别出基本面质量高的公司，还要拥抱灵活性与创造力，来发掘不太显眼的投资机会，包括有着潜在大幅改进机会的被低估公司，发现后者这样的机会需要通过深入全面的研究来获得高度的信念。

但也不要被尽职调查过程搞得不知所措——我们建立了一个简明的框架来指导你的工作。我们的框架包含两个清单，各自回答"五个问题"，一个清单用于商业尽职调查，一个清单用于财务尽职调查。这些清单将帮助你组织和跟踪尽职调查过程。一旦尽职调查完成，你就会有良好的状态来继续推进研究，或是拒绝给定的投资机会。

商业尽职调查

商业尽职调查的核心是判断一家公司是否为高质量或者其能否成为高质量的公司。在了解核心业务之外，你还需要关注公司的竞争地位并把公司放在价值链中。公司商业模式的适应力如何？你对于关键风险是否有足够的舒适度？这里至关重要的是，这项业务是否解决了一项重要的问题、是否具有长久的生命力。在这个步骤中的更深入分析建立在第二步的基础上。

我们在图 3-1 中的框架旨在帮助你评估一项业务是否值得投入资金。能否就下述五个关键问题获得满意答案至关重要。如果这些问题的答案让你感到不满意，那么这只股票可能不适合你的投资组合。虽如此，但通过分析每只股票，你也可以学习并提高你的投资敏锐度。

商业尽职调查清单

- 这家公司是做什么的？
- 这家公司是如何赚钱的？
- 这家公司的“护城河”和竞争地位是什么？
- 客户和供应商关系有多牢固？
- 业务的关键风险是什么？

图 3-1 商业尽职调查清单

这家公司是做什么的

用一些世界顶级投资者的话来说，除非你能用简单的语言快速描述一家公司的业务，否则这只股票可能不适合你。彼得·林奇（Peter Lynch）有句名言：“越简单，我就越喜欢。”

虽然高度复杂的业务会带来机会，但它们经常带来更多的风险。通常情况下，若有更多潜在的未知和不确定性需要考虑，也就会有更多的事情出错。常识告诉我们，如果你不了解一项业务，那么你就不应该投资。另外，随着能力的增强，你对复杂性的接受度也会有所提升。那些解决了困扰别人问题的人能得到可观的回报。

要尽可能多地研究与公司和行业相关的材料，以便深入了解这家公司的“故事”。在第二步中，主要信息来源包括年度报告、美国证监会（SEC）文件、投资者简报和卖方研究报告。在第三步中，下一阶段的研究包括梳理之前的盈利公告、投资者电话会记录和行业期刊。你还应阅读年度报告中公司写给股东的信，它可以揭示公司的文化和特点。理想情况下，要试用公司的产品并征求其他人的意见。投资专业人士会与行业专家和高管交谈来获得真知灼见。

除了基本的商业模式，你还需要深入了解为什么这家公司值得投资。这家公司是因其产品和服务的需求加速增长而可以成为长期增长者吗？它的市场份额增加了吗？是否已存在有意义的增长或盈利计划？

回到德尔福汽车的例子中，第二步的初步工作揭示了公司业务的关键信息，但对充分理解这个投资机会还远远不够。我们知道这家公司为诸如通用汽车、福特和大众等整车制造商生产关键零部件。同时我们知道德尔福汽车的产品能够满足不断提高的驾驶安全要求、更严格的燃油经济性和排放标准，以及不断演化的消费者偏好。现在，在第三步中，我们将更详细地探讨其核心产品和长期驱动因素的持久力。

正如表 2-1 的投资研究记录模板所强调的，德尔福汽车由四个主要业务单元构成，每个业务单元为不同的汽车解决方案提供产品：

- **电气/电子结构**（占销售额 40%）——提供汽车电气结构的完整设计，包括连接器、接线总成和线束、电气中心和混合动力分配系统。

- **动力系统**（占销售额 30%）——整合了发动机管理系统，包括燃料处理和喷射、燃烧和电子控制。

- **电子和安全**（占销售额 19%）——为乘客安全、信息娱乐和车辆操作提供关键部件、系统和软件，包括车身控制、接收和导航系统及显示器。

- **热力系统**（占销售额 11%）——提供供暖、通风和空调（HVAC）系统，如压缩机、冷凝器、散热器和冷/热交换器。

对于每个核心业务单元，德尔福汽车都致力于卓越的质量与交付、有竞争力的定价和完美的新产品发布。它还将自己的产品组合定位在与"安全、绿色和互联"相联结的长期大趋势前沿。随着时间的推移，与这些主题相关的新产品选项将成为标准化功能，促进产品渗透率的提升。

- **安全**——旨在主动降低事故发生的风险、并在事故发生时保护乘客的技术。
  - 例子：车道偏离警告系统，盲点检测和碰撞避免系统。
- **绿色**——旨在帮助减少排放、提高燃油经济性和将车辆对环境的影响降至最低的技术。
  - 例子：支持混合动力和电动汽车的产品，以及提高燃油经济性和减少排放的产品，比如燃油喷射系统。
- **互联**——聚焦于增加驾驶时个性化、娱乐性和便利性的技术。
  - 例子：集成移动语音和数据，嵌入式全球定位系统（GPS）和信息娱乐系统。

值得注意的是，考虑到德尔福汽车的破产过往，许多早期潜在投资者对其转型为技术领先企业的能力持怀疑态度。但是，公司管理团队和董事会高度关注将公司的业务与消费者需求和监管有利因素相结合。这为德尔福汽车在未来几年实现高于市场平均水平的增长奠定了基础。

这家公司是如何赚钱的

现在你知道这家公司是做什么的了。但是，它是如何赚钱的呢？利润是销售收入和成本的函数。公司增加利润有四种方法：增加销量、提高价格、降低可变单位成本和减少固定成本⊖。前两种与销售有关，后两种与成本有关。

对于大多数公司来说，两到三个关键的业务驱动因素将切实影响业绩表现。这些因素在盈利公告和投资者简报中被加以强调，并被研究机构和投资者团体密切关注。评估公司业务表现和发展前景依赖于理解这些驱动因素的关键动态。

作为销售增长驱动因素的销量和价格因行业而异。对有线电视公司来说，销售收入意味着订阅用户数量乘以每用户月平均收入（average revenue per user, ARPU）。订阅用户数量取决于如视频和高速互联网等产品的渗透率，而每用户月平均收入则取决于产品定价和捆绑销售。对于房屋建筑商来说，销售增长的公式基于房屋销售数量乘以平均销售价格（average sales price, ASP）。房屋销量和价格取决于房地产市场的景气度，而房地产市场的景气度取决于就业、工资、消费者信心、人口趋势、贷款标准和利率。理想情况下，你应与驱动增长的长期或周期性有利因素站在一边。

成本是与生产每件产品相关的费用以及企业管理费用的函数。对于单位可变成本，公司寻求改善它们的原材料采购 / 组合、劳动效率、生产流程和技术。对于固定成本，公司努力控制公司费用，如工资、行政费用和租金。

随着整车制造商生产更多的汽车（包括后备订单），汽车零部件供应商赚的钱也会更多。除了销量，德尔福汽车的销售收入增长还

⊖　可变成本根据生产的产品数量而变动，包括材料成本、直接人工成本、运输成本和水电费等科目。固定成本与产品数量无关，它或多或少保持不变，包括租赁费用、广告和营销费用、保险费、企业管理费用和行政工资等科目。

受到每辆车所用的零部件增加和产品组合的推动。因此，我们仔细研究了技术、环境和安全标准以及创新方面的关键趋势。

在定价方面，汽车零部件供应商通常会受制于长期合同的价格递减，即与整车制造商签订年度销售价格递减协议。德尔福汽车的一些同行受制于3%~4%的价格递减。对于德尔福汽车，根据最近的业绩表现和其所生产的"关键需求"产品，我们假设价格递减会对其年度销售增长造成2%的拖累。

月度汽车销量以经季节调整后的年率（seasonally adjusted annual rate，SAAR）来衡量。鉴于德尔福汽车多元化的地理区位敞口，需要对欧洲、北美、亚太和南美进行区域SAAR分析。如图3-2所示，到2011年，全球汽车销售复苏势头强劲。新兴市场的销量，尤其是在中国（属于亚太地区），预计将在未来5年内增长近50%。考虑到德尔福汽车在中国的强大市场，这对公司非常有利。

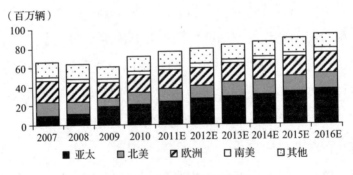

图 3-2　全球轻型汽车销量

资料来源：IHS Automotive and Barclays Capital。

德尔福汽车在新平台上不断增长的后备订单和设计优势进一步支持了这些趋势。公司对下一代技术进行战略性投资来推动长期增长，其健康的预期资本支出证明了这一点（见表3-6）。整车制造商进行供应商基础整合与搭建全球汽车平台的发展趋势，也使得首选合作伙伴比如德尔福汽车，获得了市场份额的增长。

在汽车零部件内容方面，收紧的燃料经济性（见图3-3）和安全标准增加了每辆车的零部件内容。随着远程信息技术的不断发展，人们对互联性、电子设备、信息娱乐和主动安全系统的需求也不断提升（见图3-4）。

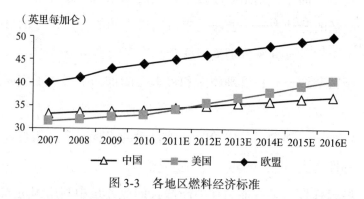

图 3-3　各地区燃料经济标准

资料来源：国际清洁交通委员会（ICCT）。

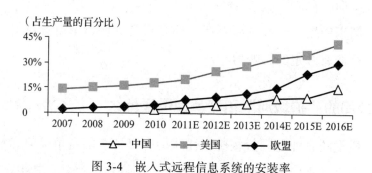

图 3-4　嵌入式远程信息系统的安装率

资料来源：IHS Automotive。

在盈利能力方面，德尔福汽车的盈利机会和它的增长故事一样吸引人。这家公司在对新业务的竞标中变得越来越自律，这为德尔福汽车创造了更高质量的后备订单和产品组合。我们的分析表明，这家公司有望在未来几年中实现几百个基点[○]（bps）的利润率提升，原因是：

- **产品组合转型**——专注于与电气化、互联性和安全相关的高利润产品。
- **成本最优的国家**——正在将生产基地迁到成本最优的地区，在 IPO 时生产基地处于成本最优的国家占比超过 90%。
- **灵活的劳动力**——能够适应市场条件的能力，70% 的可变成本结构，没有雇员是美国联合汽车工会会员。
- **精益节约**——在管理团队和董事会的推动下形成了牢固的持续改进文化，形成了行业内"最精简"的成本结构之一。
- **定价**——强调溢价定价，这被自律的投标、产品质量和用户黏性所支持。
- **经营杠杆**——有能力在不断增长的业务量中利用固定成本基础而获益。
- **新兴市场**——高利润率产品拥有较高的渗透率以及对整车制造商有一定的影响力。

这家公司的"护城河"和竞争地位是什么

高质量的企业与同行相比，往往拥有可持续的竞争优势和较高的进入壁垒。这通常被称为"护城河"。差异化的产品、知识产权、规模、品牌、客户关系黏性、低成本结构和高额的前期资本投资，

[○] 一个基点为一个百分点的 1/100。

所有这些都支撑了商业模式的抗冲击性。

在竞争对手少、进入壁垒高的行业中，公司拥有出色业绩表现的可能性更大。面对激烈竞争的公司可能面临着增长放缓、盈利能力下降和收益递减的风险。当市场参与者为了获取市场份额而采取非理性行为时，情况尤其如此。此外，要注意，当前资本回报率高的行业可能会吸引新进入者。因此，即使是表现最好的公司也不能洋洋自得。

幸运的是，对于德尔福汽车而言，它的护城河是清晰可见的。关键的进入壁垒包括：

- **低成本结构**——可以说是行业中最精简的成本结构，平均小时工资为 7 美元，这得益于公司大量布局在成本最优的国家、进行本地采购以及没有雇用美国联合汽车工会会员。

- **市场领先和全球规模**——大部分核心产品在市场上占据领先或第二的地位；在 30 个国家拥有 110 个生产基地；超过 1.6 万名科学家、工程师和技术人员专注于研发。

- **定制化产品**——直接与整车制造商合作，以差异化技术开发创新性和定制化的解决方案；德尔福汽车的产品在新车上市前数年就被设计进了新车型平台中，创造了大量后备订单和高转换成本；这些产品在全球最畅销的车型中都能找到。

- **客户关系**——与主要整车制造商数十年的合作关系；战略性布局的 15 家技术中心致力于产品研发，辅以客户所在地的现场设计和工程团队。

- **中国市场**——早在 1992 年就已成为中国市场的领导者，为国内外整车制造商提供服务；预计未来大约 50% 的增长将来自新兴市场。

从竞争的角度来看，正如 S-1 表格中所披露的，德尔福汽车在每个细分市场都与多个全球市场参与者竞争（见表 3-1）。

表 3-1　各个业务单元的竞争者

业务单元	竞争者
电气/电子结构	莱尼，莫仕，泰科电子，住友，矢崎
动力系统	博格华纳，博世，大陆，电装，日立，马瑞利
电子和安全	爱信，奥托立夫，博世，大陆，电装，哈曼，松下
热力系统	电装，马勒贝洱，三电，法雷奥，伟世通

德尔福汽车的竞争优势因业务单元而异。在电气/电子结构方面，该公司是优化产品重量和成本的创新者。在动力系统方面，它的技术专长和研发能力使其能够与德国工程巨擘博世和大陆集团等竞争。同时，在电子和安全领域，德尔福汽车在主动安全、信息娱乐和用户体验系统方面处于领先地位。

客户和供应商关系有多牢固

要了解一项业务，你必须研究它在价值链中的位置。换句话说，相对于客户和供应商，它的地位有多强势？这种分析聚焦在集中度、关系的时间长度、谈判能力和其他关系动态上。

客户

一家公司的财富与其客户直接相关。当集中度很高时，客户中断或重大合同损失可能是灾难性的。此外，与客户基础分散的公司相比，客户集中度高的公司谈判优惠条款的能力可能较为有限。上市公司经常在 10-K 表格的"业务"（Business）或"客户"（Customers）部分披露其主要客户和集中度。

高客户集中度需要对客户进行深入调研。这项工作与进行实际投资机会研究的工作类似。需要跟踪主要客户的业绩趋势、前景展望和财务健康度。

客户尽职调查还涉及关系的时间长度。一般来说，越长的关系越好，这可作为客户黏性和耐久性的证据。虽然一个占销售额 20% 的客户可能会让人质疑，但如果这种关系已经存在了几十年，你会对此感到更加放心。

你也会想看一看具体的关系动态。例如，如果产品转换成本高，或者客户几乎没有替代品，你就会对客户黏性有信心。

就德尔福汽车 S-1 表格中所展示的，其前 10 位客户占总销售额的 65% 以上，前 3 位客户占总销售额的 38%（见表 3-2）。

表 3-2　德尔福汽车大客户列表

客户	销售占比（%）
通用汽车公司	21
福特汽车公司	9
大众集团	8
戴姆勒公司	6
标致雪铁龙集团	5
雷诺汽车	4
上海通用汽车公司	4
菲亚特集团	3
现代起亚汽车	3
丰田汽车公司	3

虽然看起来并不太令人担忧，但这种客户集中度也需要仔细审视。幸运的是，德尔福汽车与其大客户的关系可以追溯到几十年前。这些历史记录经受了时间的考验。在大多数情况下，公司主要客户的信用状况良好，其中多数被评为投资级。

或许最让人放心的是，德尔福汽车在 2011 年末向 IPO 投资者承诺，将增加客户的多元化。管理团队表示，未来任何客户的销售额占比都不会超过 15%。德尔福汽车在早些时候回购了价值 43 亿美元、通用汽车持有的公司股票，令 IPO 投资者更加放心，公司最大客户的影响力将随着时间推移而减弱。

德尔福汽车还制订了一项地域多元化计划，其目标是在北美、欧洲、亚太、南美地区实现销售收入分别占比 30%、30%、30%、10% 的区域平衡。相比之下，IPO 时的这一比例为 33%、43%、16%、8%。

供应商

跟关注客户集中度一样，你也需要注意供应商的集中度。大型供应商往往对它们的客户有很大的影响力，这增加了激进行为的风险。对于难以获得的材料或单一供应源的情况尤其如此。一般情况下，当供应商提供的原料或服务占公司销货成本⊖（COGS）的很大比重时，投资者需要予以注意。

一些公司在 10-K 表格或招股说明书中明确列出了它们的主要供应商，而另一些公司则提示了它们对某些原材料的敞口。常见的

⊖ 销货成本（COGS）是指与公司所生产的产品和提供的服务相关的直接费用。典型的销货成本包括原材料、人工、分销和制造成本。

原材料包括金属（如铝、铜、钢）和石油产品（如石油、天然气、树脂）。一家依赖于一到两家供应商的公司很容易受到原材料短缺和运营中断的影响。

虽然德尔福汽车没有在它的 S-1 表格中明确列出它的供应商和原材料敞口，但它确实提到：

"我们从世界各地多家供货商处采购原材料。一般来说，我们寻求在我们产品生产的地区获得原材料，以最小化运输成本和其他成本。我们用于生产产品的最主要原材料包括铝、铜和树脂。"

就像德尔福汽车的客户集中度一样，这种对大宗商品的巨大敞口也需仔细审视。幸运的是，它的全球供应商名单丰富多样。这家公司的全球足迹也使它能够在视情况合适的情况下，在当地进行采购。我们认为，更大的风险与潜在的大宗商品价格波动和德尔福汽车应对大宗商品价格攀升的能力有关。但正如我们之后所讨论的，德尔福汽车通过将成本传递给下游客户和进行对冲有效地减轻了这一风险敞口。

业务的关键风险是什么

运营风险

你必须时刻注意影响你的投资主题的风险。我们已经提及了公司面临的许多运营风险，即周期性敞口、竞争压力、客户或供应商问题，以及不断上涨的原材料成本。此外，我们还需考虑货币汇率变动、技术淘汰和财务杠杆。

就如在德尔福汽车 S-1 表格中所提到的，它的运营风险主要包括：

- **产量风险**——"汽车的销售和生产具有高度周期性。全球汽车销量下滑导致我们的整车制造商客户降低产量，对我们的现金流造成直接影响。最近的一个例子是在 2009 年行业下行中，北美和西欧的汽车产量分别下降了 43% 和 26%，低于 2007 年的水平。"

- **竞争风险**——"我们在竞争激烈的汽车零部件供应商行业开展业务。竞争主要基于价格、技术、质量、交付和整体的客户服务。"竞争是每个行业都需面对的现实。即使是对于那些目前竞争环境良好的行业，未来也可能会有新的不可预见的进入者。

- **客户风险**——"我们五家最大客户的市场份额或业务下滑，可能会对我们的收入和盈利能力产生大幅负面影响。"客户集中化会让公司暴露在关键客户的问题下，包括客户的运营问题或财务困境。

- **供应商风险**——"任何供应商关系的中断，尤其是独家供应商，都可能损害我们的盈利能力。"与客户一样，供应商集中化会增加公司对外界第三方的脆弱性。

- **原材料成本风险**——"近期，铜、铝和石油基树脂产品的全球价格以及燃料费用出现了重大波动，这对我们的业务产生了不利影响。"关键原材料价格的不利波动会对财务业绩产生重大影响。德尔福汽车对大宗商品价格进行对冲并签订将原材料成本传递给客户的供应协议，来降低这种风险。

- **外汇风险**——"外汇风险敞口可能会影响未来的现金流。2010 年收入中大约 65% 是用美元以外的货币开具的发票……（较大的外汇敞口包括）墨西哥比索、欧元、人民币、土耳其里拉和英镑。"尽管德尔福汽车以美元报告的销售额和盈利受到外汇的影响，但考虑到其以相同货币匹配销售和成本的战略，公司的利润率通常有保障。

- **新兴技术风险**——"我们可能无法对监管和技术风险的变化做出足够迅速的反应，也可能无法将我们的知识产权开发成具有商业可行性的产品。"所有业务都必须面对替代技术的威胁，这些技术会改变现有产品和服务的价值定位。

- **杠杆 / 流动性风险**——"长期的经济下行或经济不确定性可能会对我们的业务产生负面影响，导致我们需要额外的融资来源，而我们可能无法获得这些资金。"企业需要管理自己的资产负债表和流动性，为业务低谷创造足够的缓冲。这通常体现为下述形式：循环贷款额度，在手现金，谨慎的债务水平和债务到期时间表[⊖]。

一旦确定了关键的风险，你将试图量化它们来为你的投资决策提供信息。在表 3-3 中，我们展示了德尔福汽车对产量、欧元 / 美元汇率、铜价和油价变动的敏感性。对于潜在风险因素每一个百分比变动，我们展示了其对销售收入和 EBITDA 的相应影响。

⊖　公司应该追求平衡的债务到期时间表，将债务期限平均分配在数年中，而不是同时到期（参见本章后面的部分——财务尽职调查：III 公司的资产负债表健康吗）

表 3-3 风险敏感性分析

因素	敏感性变动（%）	影响	
		销售收入（百万美元）	EBITDA（百万美元）
产量	+/- 1	+/- 150	+/- 40
欧元 / 美元汇率	+/- 10	+/- 650	+/- 65
铜价	+/- 10	+/- 85	+/- 15
油价	+/- 10	—	+/- 25

非运营风险

你还必须识别出与投资主题相关的非运营风险。这些风险可能是监管风险、地缘政治风险、环保风险或法律风险。通常情况下，这些风险都比运营风险更难预见。然而，这并不能成为你对此掉以轻心的理由。

非运营风险对于某些行业和地区的公司尤其重要。对德尔福汽车来说，汽车零部件供应行业在产品召回和环保监管问题上有着众所周知的历史。此外，它在中国的大规模业务承担着新兴市场和特定国家的地缘政治风险。

就如在它的 S-1 表格中所披露的，德尔福汽车的非运营风险包括：

- **监管风险**——"我们应对监管变化可能不够快。"监管条例、规则或法规的意外变化总会出现，这些是潜在的威胁。
- **地缘政治风险**——"我们面临着在美国以外地区开展业务的风险……我们在某些国家的业务对经济和市场环境非常敏感。"在"高风险"的国家进行大规模运营会引起高度的关注，因为这些业务更容易受到国内动荡、政权更迭、商业环境不确定性、制裁甚至关税的影响。

- **环保风险**——"我们可能会受到……环保法规、诉讼或其他
  责任的不利影响。"环保风险通常是行业特有的。例如，从
  20 世纪 80 年代到 21 世纪初，与石棉有关的诉讼导致了数
  十亿美元的罚款，工业品行业出现了一些大型的破产。
- **法律风险**——"由于保修索赔、产品召回、产品责任和知识
  产权侵权行为，我们可能会遭受重大损失，并承担不菲的费
  用。"投资者必须接受他们持有的所有股票都面临着法律风
  险的现实。在汽车行业，产品故障和召回尤其重要。

生存风险

生存风险危及公司的生存。新兴的颠覆性技术不断威胁着古老
的商业模式。作为尽职调查工作的一部分，你需要对这家公司的地
位经得起技术变革的挑战拥有足够信心。同样的分析也可以用来判
断卖空的投资想法。

理想情况下，这家公司处于创新的前沿，其自身就是一个行业
颠覆者。这就是新德尔福汽车对自己的定位。公司一早就建立了拥
抱汽车电气化和互联互通的愿景和勇气，为德尔福汽车在未来十年
的成功奠定了基础。

在零售行业，百视达公司（Blockbuster Video）和鲍德斯集团
（Borders Group）的倒闭，是被颠覆性技术所打击的公司典型案例。
录像带租赁零售商百视达公司在 2004 年的销售额为 60 亿美元，
EBITDA 为 5 亿美元。然而到 2010 年，其销售额和 EBITDA 分别
降至 32.5 亿美元和 -2000 万美元。发生了什么？是人们对在家看

电影失去兴趣了吗？当然不是。电影走入观众客厅的一种新方式出现了，但百视达公司未能成功转型。

主要的颠覆者是奈飞（NFLX），它最开始提供 DVD 邮寄租赁服务，然后转型到提供在线视频流服务。同样在 2004～2010 年，奈飞的销售额从 5 亿美元、EBITDA 为 2500 万美元，分别增至 22 亿美元和 3.25 亿美元。百视达公司最终于 2010 年 9 月申请破产，而奈飞的股价从 2002 年 IPO 时经拆股调整后的 1 美元升至 2010 年底的 25 美元。到 2019 年底，该公司的股价为 324 美元。

图书和音乐零售商鲍德斯在电子商务巨头亚马逊手中遭遇了类似的命运。2005 年，鲍德斯的销售额接近 40 亿美元，EBITDA 为 3 亿美元，到 2010 年分别降至 22 亿美元和 -2 亿美元。

为什么会这样？是人们对读书失去兴趣了吗？恰恰相反，图书销量在飙升，但亚马逊却收获了回报。鲍德斯未能调整其业务模式，最终于 2012 年 1 月申请破产。与此同时，亚马逊的股价也从 1997 年首次公开募股（IPO）经拆股调整后的 2 美元上涨到 2012 年底的超过 250 美元。到 2019 年底，其股价为 1848 美元。

财务尽职调查

财务尽职调查的核心是对公司历史和预期财务表现的分析和解读。它与商业尽职调查密切相关。两者都是必要的，单独进行其中任何一个都不足以对企业做出全面准确的判断。

虽然财务尽职调查需要一些数学技能，但好消息是，基本的加减乘除法就足够了。财务尽职调查还可以帮助你阅读三张主要的财务报表——利润表、资产负债表和现金流量表。使用 Microsoft Excel 的能力不是必备条件，但如果你能使用将会大有助益。

有了基本的数学知识，最简单的部分就是进行实际计算。而后最难的部分则是进行数据的解释。公司业绩背后的驱动因素是什么？为什么这家公司的表现优于或差于同行？这是可持续的吗？竞争对手会做何反应？未来一年、两年、五年、甚至十年后的表现会是怎样的？最终，你的分析要为公司的未来表现提供支撑，当然，未来表现永远是不确定的。

与商业尽职调查一样，我们为财务尽职调查提供了一个"五个问题"的清单（见图 3-5）。

财务尽职调查清单

- 这家公司历史业绩如何？
- 这家公司未来如何发展？
- 公司的资产负债表健康吗？
- 公司是否产生强劲的自由现金流？
- 公司管理团队如何分配资本？

图 3-5　财务尽职调查清单

这家公司历史业绩如何

首先，你需要关注公司的历史业绩。它的销售收入和盈利能力是如何增长、保持稳定或是在下降的？以及为什么会这样？通常情况下，3～5 年的历史期间就足以得出结论，尤其是如果这个期间跨越了过往的周期。确保这些数字是"干净的"，也就是说，对一次性科目和并购进行了适当调整。你还需要将这些趋势与同行业公司进行比较，理解其中的差异。

我们之前已经提到，你的尽职调查需要有灵活性来发现转机和需要解决的问题。最近刚刚摆脱破产的德尔福汽车显然属于这类情况。它在 2005 年根据美国破产法第 11 章申请破产保护，是缺乏竞争力的成本结构、超额债务和沉重的养老金负债的恶果。当时，德尔福汽车 EBITDA 为负，负债总额约为 220 亿美元。公司正在大量流失现金，没有明确的路径来覆盖其持续的利息费用、养老金和运营费用支出。

顺带提一下，只有德尔福汽车的美国资产需按美国破产法第 11 章进行申报。虽然德尔福汽车美国业务复苏的故事占据了大多数新闻头条，但欧洲的重组计划也同样令人印象深刻。德尔福汽车将其欧洲业务转变成了盈利机器，其利润率达到了之前闻所未闻的两位数。这是由下述因素所驱动的：最优成本的北非和东欧制造基地，占比达 30% 的临时工组成的小时劳动力，以及成功地从成本最优的国家（如波兰）招募到了工程人才。

在多年的破产重组过程中，德尔福汽车将产品线从 119 条大幅减少到 33 条。同样重要的是，公司选择专注于它最有可能获胜的领域，退出了 11 项业务，包括转向和被动安全领域。到 2009 年夏天，德尔福汽车的主要股东与通用汽车达成了协议，由通用汽车收回其在美国剩余的有工会组织的工厂。

由此产生的新德尔福汽车拥有干净的资产负债表、合适规模的成本结构和精简的产品组合。从纯粹财务角度来看，破产也使德尔福汽车能够将公司税率降至 20%。较低的税率意味着更高的营业收入向每股盈利和自由现金流的转化率。与面临更高税率的美国同行相比，这提供了明显的优势。

如表 3-4 所展示的，在经历了 2007 年到 2009 年的急剧下滑后，公司的财务状况开始好转。2010 年，公司的销售收入增长了 17.5%，2011 年的增速也与之类似。是什么推动了销售收入的大幅增长？幸运的是，德尔福汽车 2011 年的 S-1 表格中的"管理层讨论与分析（MD&A）[⊖]"部分提供了有帮助的解释：

"我们销售收入的提升反映出整车制造商销量的增加与每辆车中我们零部件内容的增加。这些提升持续表明全球经济保持稳健。然而与 2008 年和 2009 年之前相比，北美和欧洲的销量继续大幅下滑。"

现在让我们看看德尔福汽车的盈利能力，利润率与净利润的发展态势保持了一致。毛利率从 2009 年的低点 1.9% 大幅提高到 2011 年的 15.7%。净利润从 -8.66 亿美元增加到 +11 亿美元。公司开始创造大量的自由现金流。根据德尔福汽车的管理层讨论与分析部分：

"2010 年，我们基本完成了重组，降低了固定成本基础，改善了制造基地布局，减少了开销。我们大幅减少了在美国和西欧的业务，重新调整了我们的销售与管理费用结构，并增加了我们员工基础的变动性质。"

德尔福汽车新的灵活劳动力和经营杠杆是关键的利润驱动因素。此外，公司受益于大宗商品价格环境的改善。但这种成功是可

⊖ 管理层讨论与分析是美国证券交易委员会强制要求的披露内容，其中会提供前一个报告期间财务表现的概述，通常也会对趋势和前景加以阐述。

持续的吗？

表 3-4　德尔福汽车过去 5 年财务数据摘要：利润表和自由现金流

（单位：百万美元，每股数据除外）

德尔福汽车过去 5 年财务数据摘要：利润表和自由现金流						
	历史期间					年复合增长率（2007～2011 年）（%）
	2007	2008	2009	2010	2011E	
销售收入按业务单元分类						
电子 / 电气结构	5 968	5 649	4 295	5 620	6 622	2.6
动力系统	5 663	5 368	3 624	4 086	4 918	(3.5)
电子和安全	5 035	4 048	2 562	2 721	2 955	(12.5)
热力系统	2 412	2 121	1 373	1 603	1 796	(7.1)
利润表						
销售收入	19 526	16 808	11 755	13 817	16 039	(4.8)
增长率	1.0%	(13.9%)	(30.1%)	17.5%	16.1%	
毛利	883	651	228	2 049	2 526	30.0
毛利率	4.5%	3.9%	1.9%	14.8%	15.7%	
EBITDA	731	269	84	1 633	2 044	29.3
EBITDA 利润率	3.7%	1.6%	0.7%	11.8%	12.7%	
增长率	NM	NM	NM	NM	25.2%	
折旧与摊销	871	822	679	421	478	(13.9)
利息费用	764	434	8	30	123	(36.7)
净利润	1 760	2 013	866	631	1 072	NM
稀释后股份数[①]	686	686	686	686	328	
每股收益	(2.57)	(2.93)	(1.26)	0.92	3.27	NM
增长率	NM	NM	NM	NM	255.0%	
现金流量表						
经营现金流	(98)	455	(98)	1 142	1 356	NM
减去：资本开支	(577)	(771)	(409)	(500)	(629)	
占销售收入百分比	3.0%	4.6%	3.5%	3.6%	3.9%	
自由现金流	(675)	(316)	(507)	642	727	NM
每股自由现金流	(0.98)	(0.46)	(0.74)	0.94	2.21	NM
增长率	NM	NM	NM	NM	136.7%	

① 2011 年 IPO 时的预期稀释后股份数。

这家公司未来如何发展

你已了解公司从哪里来，现在是时候来弄明白公司未来向哪里去了。试着想象这家公司在接下来的一年、两年、五年甚至十年的样子。成长预期对估值至关重要。与增长较慢的同行业公司相比，股票投资者往往会给予快速增长的公司更高的估值倍数。他们还关注内生增长和收购驱动的增长，前者通常被认为更受欢迎。

成长指的是销售额和盈利两方面。投资者两者都会加以关注。若只有销售增长却没有盈利增长，显然会引发对成本的质疑。同样，只有盈利增长而没有销售增长，会引发对可持续性的质疑。就像从一颗柠檬中能榨出的汁是有限的，一家公司能够节省的成本也是有限的。

公司的成长前景需要反映在财务模型中，通常是反映在五年的预测中。进行预测的目标是展示出概率最高的结果。不可避免的，这其中会有偏差。但是，如果核心假设得到了充分的研究和审查，偏离预测的可能性就很小。

虽然未来就是不确定的，但你需要寻找到线索。从最近的业绩电话会议记录、管理层分析与讨论和投资者简报开始。许多公司还以盈利区间的形式提供指引。你对管理层能力和信誉的看法将会影响你的解读。卖方研究和一致预期提供了进一步的视角，尤其是来自广受赞誉的卖方分析师的观点。

无论公司提供的盈利预期指引和分析师一致预期如何，你都需要做好自己的工作。在有些情况下，"一致预期"掩盖了构成一致预期的分析师估计之间的巨大差异。因此，了解公司的关键财务驱动因素并相应搭建出财务模型是至关重要的。

要做出财务预测，要从回顾你在前一章节中所做的工作开始。关注销售收入、EBITDA 和每股盈利的增长率，也要关注利润率的趋势。只有这样，你才能开始预测未来。公司的增长率是继续保持在相同的轨道上、还是加速或减速？

如前所述，通常有两个或三个关键变量驱动财务业绩，从而推动预测。要知道，德尔福汽车的销售收入基本上是按地区、后备订单和价格计算的全球产量的函数。因此，年度销售预测通常基于前瞻性的第三方生产数据、新业务 / 后备订单增长和价格下调。

对于盈利能力的预测，投资者关注毛利、EBITDA 和净利润。毛利的定义是销售收入减去销货成本，是指在减去与产品生产和服务直接相关的成本后获得的利润。销货成本在很大程度上是可变成本，与销售商品或服务的数量相关。毛利率由毛利占销售收入的百分比计算得出。

一种对毛利的详细建模方法为，基于主要的费用投入项的价格和数量来预测销货成本。德尔福汽车的主要销货成本包括原材料和人工，以及与制造费用和运费相关的额外成本。另外，一种"快速而粗略"的方法是根据最近的趋势、独立研究或公司管理层提供的指引，假设毛利是销售额一定的百分比。

对于 EBITDA 和 EBIT 的预测建模也是一样，它们从销售收入中扣除了销货成本和销售管理费用（也就是公司管理费）。详细的财务建模中以单独科目来对销售管理费用进行预测和列示，将其从毛利中减去来计算 EBIT[⊖]。接下来，你将折旧与摊销加回，来计算

⊖ 这种 EBIT 计算方法假设折旧与摊销主要包含在销货成本中，少部分包含在销售管理费用中。

出 EBITDA。折旧与摊销通常基于其在历史上占销售收入的百分比进行预测。

销售管理费用大部分是固定的，通常以 GDP 增长率或"通货膨胀率＋某一百分比"进行建模预测。或者，销售管理费用可根据其占销售收入的百分比、并考虑近期趋势来进行建模预测。对于任何一种方法，都要注意大型的成本削减或扩张计划，这可能会显著影响对该项的预测。

对于净利润，你需要考虑利息费用和税费。鉴于这些费用是动态的，谨慎的做法是分别对它们建模，而非依赖于粗略的利润率假设。对于正在偿还债务、从而会降低未来利息费用的有负债公司来说，这一点尤为重要。这种方法也适用于通过举债来回购股票或为增长提供融资的公司。

对于每股指标，最重要的是每股盈利（EPS）和每股自由现金流（FCF/S），你可以用分子——净利润和自由现金流分别除以稀释后的股票数。对于分母，请记住要考虑潜在的股票回购、发行或其他可能影响未来股票数量的公司行为。

表 3-5 展示了我们对德尔福汽车的具体模型假设。这些假设参考了历史情况以及分地区的生产预期、后备订单估计和标准价格下调。根据表 3-6，这些假设带来销售收入在未来 5 年以超过 6% 的复合增长率增长。到预测期结束时，公司毛利率超过了 17.5%，EBITDA 利润率达到了 14.5%。

此外，由于股票回购导致的股票数量减少，我们的模型显示每股盈利和每股自由现金流比销售收入和 EBITDA 的增长速度快得多。我们的股票回购假设从第 1 年的 2.5 亿美元开始，到第 5 年增长至 7.5 亿美元。

表 3-5　模型假设汇总

（单位：百万美元）

模型假设总结					
			预测期间		
	2012E	2013E	2014E	2015E	2016E
销售驱动因素					
轻型车产量（千辆）					
北美	13 907	14 880	15 624	16 093	16 576
欧洲	18 527	19 268	19 846	20 442	21 055
南美	4 394	4 526	4 617	4 663	4 686
中国	18 544	19 842	22 216	23 786	25 071
各区域占比					
北美	34%	34%	34%	34%	33%
欧洲	39%	38%	37%	37%	37%
南美	8%	8%	8%	7%	7%
中国	20%	20%	21%	22%	22%
增量后备订单	900	900	1 000	1 000	1 000
价格递减率	（2%）	（2%）	（2%）	（2%）	（2%）
成本与开支					
销货成本占销售收入比	83.9%	83.4%	82.9%	82.7%	82.4%
销售管理费用占销售收入比	5.5%	5.5%	5.5%	5.5%	5.5%
折旧与摊销占销售收入比	3.0%	3.0%	3.0%	3.0%	3.0%
资本开支占销售收入比	4.5%	4.5%	4.5%	4.5%	4.5%
资本分配					
股票回购	250	350	450	500	750
红利派发	—	—	—	—	—

表 3-6 德尔福汽车 5 年财务预测摘要：利润表和自由现金流

（单位：百万美元，每股数据除外）

德尔福汽车未来 5 年财务预测摘要：利润表和自由现金流						年复合增长率 (2011～2016 年)（%）
	预测期间					
	2012E	2013E	2014E	2015E	2016E	
销售收入按业务单元分类						
电子 / 电气结构	6 817	7 319	7 852	8 269	8 662	5.5
动力系统	5 145	5 633	6 108	6 478	6 885	7.0
电子和安全	3 053	3 374	3 703	3 987	4 267	7.6
热力系统	1 854	1 983	2.139	2 263	2 379	5.8
利润表						
销售收入	16 594	18 023	19 507	20 691	21 879	6.4
增长率	3.5%	8.6%	8.2%	6.1%	5.7%	
毛利	2 671	2 991	3 335	3 589	3 850	8.8
毛利率	16.1%	16.6%	17.1%	17.3%	17.6%	
EBITDA	2 157	2 433	2 731	2 948	3 172	9.2
EBITDA 利润率	13.0%	13.5%	14.0%	14.2%	14.5%	
增长率	5.5%	12.8%	12.2%	8.0%	7.6%	
折旧与摊销	490	532	575	610	645	7.2
利息费用	123	121	120	119	117	(1.3)
净利润	1 180	1 371	1 577	1 726	1 882	11.9
稀释后股份数	324	314	304	294	284	
每股收益	3.65	4.36	5.19	5.87	6.64	15.2
增长率	11.7%	19.7%	19.0%	13.2%	12.9%	
现金流量表						
经营现金流	1 639	1 836	2 083	2 282	2 472	12.8
减去：资本开支	(747)	(811)	(878)	(931)	(985)	
占销售收入百分比	4.5%	4.5%	4.5%	4.5%	4.5%	
自由现金流	892	1 025	1 205	1 351	1 487	15.4
每股自由现金流	2.76	3.26	3.97	4.60	5.24	18.8
增长率	24.5%	18.4%	21.5%	15.9%	14.1%	

公司的资产负债表健康吗

一张强劲的资产负债表对一项健康的业务是必不可少的。它为不断增长的业务提供了灵活性，包括内生增长和并购，也为资本回报提供了灵活性。它还为艰难时期提供了缓冲。相反，疲弱的资产负债表会制约增长，限制对外部资本的获取，削弱了犯错的安全垫。

要了解一家公司的资产负债表，你需要研究它的资本结构和关键的信用指标。资本结构是指公司债务和权益的数量、组成和期限。债务越多，风险越大。正如在大衰退前夕所目睹的那样，许多老练的投资者低估了高负债水平的资产负债表的风险。

资本结构影响财务业绩和经营业绩。杠杆率越高意味着利息费用越高，对盈利和现金流会产生负面影响。一个受到挑战的资本结构也可能意味着更少的营运资金。在更极端的层面上，它会带来流动性问题，并可能导致破产。

在破产的情况下，股权投资者会遭受严重的减值或全部损失，因为他们在资本结构中处于最底层的位置[⊖]。与贷款方不同，股东既没有被保证支付利息，也没有被保证在约定的到期日偿还合同上的本金。正如第二步中所提到的，股权投资者倾向于低杠杆率和高利息覆盖倍数。

股权投资者还需要了解公司的债务何时到期，即债务的到期时间安排。在债务到期时，公司必须用市场上的新资本进行再融资，或者用手头的现金偿还债务。否则，这家公司就将违约。无法进行再融资或偿还债务可能是由于财务表现不佳或资本市场疲弱，或两者兼而有之。无论如何，其结果往往是破产。

从资产负债表的角度来看，德尔福汽车摆脱破产后的信用状况得到了显著改善。在 IPO 时，公司杠杆率降至 1 倍，公司 14.5 亿

⊖ 即股权投资者最后才获得偿付。——译者注

美元的现金余额意味着净杠杆率仅为 0.3 倍。未提款的 13 亿美元循环贷款也增强了该公司的流动性。此外，该公司在未来五年内没有重大债务到期。

这为德尔福汽车在内生和外延领域的强劲增长奠定了基础。它的资产负债表承载能力可以用于研发和为项目提供资本支持、并购、回购股票和分红。展望未来，我们模拟了德尔福汽车的信用状况，通过 EBITDA 增长和强制债务偿还，其信用状况持续改善（见表 3-7 ）。

表 3-7　德尔福汽车 5 年财务预测摘要：资产负债表摘要

（单位：百万美元）

德尔福汽车 5 年财务预测摘要：资产负债表摘要						
	预测期间					
	2011E	2012E	2013E	2014E	2015E	2016E
财务数据						
EBITDA	2 044	2 157	2 433	2 731	2 948	3 172
利息费用	123	123	121	120	119	117
资本开支	629	747	811	878	931	985
占销售收入百分比	3.9%	4.5%	4.5%	4.5%	4.5%	4.5%
资本结构						
现金	1 455	2 012	2 651	3 370	4 185	4 802
有担保负债	1 042	956	920	884	848	728
总负债	2 114	2 028	1 992	1 956	1 920	1 800
净负债	658	16	(659)	(1 414)	(2 265)	(3 002)
信用指标						
利息覆盖倍数						
EBITDA/ 利息费用	16.6	17.5	20.0	22.7	24.8	27.2
（EBITDA– 资本开支）/ 利息费用	11.5	11.5	13.4	15.4	16.9	18.7
杠杆比率						
有担保负债 / EBITDA	0.5	0.4	0.4	0.3	0.3	0.2
总负债 / EBITDA	1.0	0.9	0.8	0.7	0.7	0.6
净负债 / EBITDA	0.3	0.0	(0.3)	(0.5)	(0.8)	(0.9)
营运资本						
净营运资本	587	613	675	739	789	839
占销售收入百分比	3.7%	3.7%	3.7%	3.8%	3.8%	3.8%

当然，杠杆也不全是坏事。如果使用得当，它可以成为一种强大的价值驱动因素。债权融资成本本身就比股权便宜，在一定程度上通常是为增长融资的最佳方式。因此，在评估一个投资机会时，一定要分析它的资产负债表承载能力。

额外的债务可以用来回购股票或为并购提供资金，从而增加每股盈利。对于一家有着 1.5 倍杠杆率的公司，与拥有 2.5 倍杠杆率的同行业公司相比，你可以将 1 倍的增量杠杆用于股票回购或进行收购放入模型加以预测。接下来，我们评估每种情景下的预估每股盈利。这种分析有助于识别潜在的催化剂。对德尔福汽车来说，IPO 后其杠杆率只有 1 倍，我们看到了超出我们建模预测的股票回购和未来的并购潜力。

公司是否产生强劲的自由现金流

自由现金流是公司的命脉，它是在支付所有的现金费用后产生的现金，其中现金费用包括销货成本、销售管理费用、利息费用、相关税费以及支持资本开支和营运资金。因此，它表明了一家公司投资增长业务、向股东返还资本或偿还债务的能力。对于许多投资者来说，股价 / 每股自由现金流或自由现金流收益率是他们投资的首要估值基础。

投资者们需要分析 EBITDA 或净利润转换为现金流的百分比。你可能会看到一份公司财报中自由现金流超过了净利润，这是一个强有力的信号。理想情况下，这是由于较低的资本开支需求或有效的营运资本导致的。但是，要注意由于一次性项目、投资不足或暂时的税收优惠而导致的自由现金流增加。同样，一家盈利强劲但自由现金流持续疲软的公司可能预示着未来的麻烦。

自由现金流的产生是由多种因素驱动的，其中盈利能力最为重要。毛利、EBITDA 和 EBIT 展示出公司的营运盈利能力。净利润则更进一步，扣除了利息费用和税费等财务类费用。然而，如果资本密集度过高，即使是高利润率的业务也会有较差的自由现金流表现。资本密集度指的是维持运营和业务增长所需的现金支出，尤其是资本开支和净营运资本。

资本开支指的是一家公司用于购买、改善、扩张或替换机器厂房设备的资金。历史的资本开支水平有助于指导对未来资本开支的预测。请注意，根据公司的战略或处于不同的运营阶段，这些预测可能会偏离历史水平。处于扩张期的公司可能会在预测期间的某一阶段提高资本开支。幸运的是，预计资本开支通常会在 10-K 表格或业绩电话会议上进行讨论。

区分被认为是维持持续经营所必需的支出（"维持性资本开支"）和那些可自由支配的支出（"增长性资本开支"）也很重要。在困难时期，增长性资本开支可能会减少，公司通常会从中受益。对于德尔福汽车，考虑到新产品推出的计划投资，我们模型中的资本开支占收入的百分比从 2011 年的略低于 4%，增长到整个预测期间占销售额的 4.5%（见表 3-7）。

净营运资本（NWC）是为公司持续运营提供资金所需的现金。它由被留存在赊销和存货中的现金（"流动资产"）减去欠供应商的现金（"流动负债"）得到。一般来说，高额的净营运资本投入需求是不被投资者所欢迎的。资本被留存在应收账款与存货中，这意味着公司及股东可获得的现金减少。

投资者们采取多种指标来衡量净营运资本的效率。也许最简单的就是净营运资本占销售收入的比重。每年比重的变动趋势更是能提供很多信息。净营运资本占销售收入百分比的显著增长可能是一个警示信号。另外，有意义的净营运资本效率的提升，可以提升公司的自由现金流。对于德尔福汽车，我们假设净营运资本在整个预测期间的销售额中占比相对平稳，为3.7%~3.8%。

考虑到上述情况，加上其加速增长的销量和不断提升的盈利能力，德尔福汽车的自由现金流产生前景强劲。如表3-6中，我们的模型预测德尔福汽车的自由现金流在预测期间显著增长。

公司管理团队如何分配资本

高效的资本配置是一流公司脱颖而出的关键因素。纪律严明的管理团队持续评估资本配置的相对回报。换句话说，就是要评估每花费一美元获得的最高回报是什么？最常见的现金配置方式包括：

- 内生业务增长
- 收购与兼并
- 股票回购
- 股息
- 偿还债务

你在怀疑资本配置是核心价值驱动因素？好吧，考虑一下下面的情况。对于百视达公司和鲍德斯集团来说，想象一下这样一个世界：它们很早就决定把资金分配到数字或在线解决方案上，而非增加店面数量。如果这样的话，也许这两家公司今天还存在。

公司通常会首先将资金分配给内部机会。内生增长项目被认为风险较低。这些内生增长项目可能以新设施、地点、设备、研发、产品推介或技术平台的形式产生。

公司还可能从外部寻找并购机会，将其作为现金的最佳利用方式。在这里，战略契合和并购所支付的价格显然至关重要，收购方的历史业绩也同样重要。这家公司是否有执行增值交易和实现所声称的协同效应的良好记录？潜在收购标的是具有战略意义并能带来价值提升的吗？

其他的资本配置策略关注对资本的直接回报，最主要的是股票回购和股息。在这里，历史记录也很重要。对于之前的股票回购，要分析公司以什么价格回购了多少股票。对于宣布首次回购股票的公司，你的分析应该聚焦在资产负债表承载能力和预估每股盈利上。

公司的分红策略也需要做类似的分析。公司是定期派发股息还是随着现金积累一次性支付大笔股息？公司分派股息有多长时间了、是否股息金额一直在增加？目前的股息收益率是多少？股息是否占净利润中的很大一部分、正如其支付率中所反映的那样？一家股息支付率为 50%、股息收益率始终保持在 3%～4% 的公司更有可能吸引投资者的注意。

偿还债务也能提高股东回报。对于一家债务负担沉重，但有着明确去杠杆路径的优质公司来说，这一点尤其如此。在这方面，有资金支持的 IPO（上市的被杠杆收购的公司）和周期性很强的公司值得关注。通过自由现金流加速偿还债务会降低利息费用，从而提高每股盈利。此外，去杠杆后，可能会以更高的估值倍数重新评估公司，因为它为股权降低了风险并创造了增长的空间。

对于德尔福汽车，我们建立了没有并购、用自由现金流来进行股票回购的模型。与老德尔福汽车相比，这是一次引人注目的升级。老德尔福汽车在股票投资者中一直都有缺乏重点业务和效率低下的名声。银点资本、埃利奥特管理公司与董事会和新管理团队一道，将在新德尔福汽车进行强有力的资本配置列为优先事项。关注此事的投资者可以从新任董事的背景以及他们与价值导向的股东们的紧密联盟中推断出这一点。

因此，我们假设在整个预测期间，德尔福汽车每年的股票回购规模从 2.5 亿美元扩大到 7.5 亿美元。假设股价每年增长 25%，稀释后的股票从 2011 年的 3.28 亿股下降到 2016 年预期的 2.84 亿股。这导致了在 5 年预测期间中，大约 15% 的每股盈利年复合增长率和 19% 的每股自由现金流复合增长率（见表 3-6）。

关键点总结

- 了解公司是做什么的、如何赚钱。

- 聚焦于公司业务的两到三个核心驱动因素。

- 商业尽职调查是为了判断一家公司的竞争地位和其商业模式的抗冲击性，即公司的"护城河"。

- 差异化的产品、知识产权、规模、品牌、客户关系、定价权和高额的前期资本投资都支撑着一家公司的"护城河"。

- 财务尽职调查探寻了公司的历史业绩，主要是作为其未来业绩的序章——要设想公司在未来的一年、二年、五年甚至十年后会是什么样子。

- 股票投资者如果忽视资产负债表和资本结构，后果自负。

- 有效的资本配置是一流公司脱颖而出的关键因素。

- 最常见的资本配置方式包括：内生增长项目、并购、股票回购、股息和偿还债务。

第 4 章

第四步：估值与催化剂

这只股票价值几何？

到现在为止，你已经知道如何分析一家公司的商业模式、了解这家公司是如何赚钱的了。你也知道该如何衡量公司的财务业绩。现在是时候深入探讨估值问题了。这个顺序很重要。在不先了解公司业务和其财务状况的情况下，你如何能对一家公司进行估值呢？

我们在第一本书《投资银行：估值、杠杆收购、兼并与收购以及 IPO》中提供了长达 400 页、共计 10 万字的对估值的概述。本章中用一部分篇幅阐述其中最关键的概念。

你的估值工作需要解决两个关键问题。第一，这家公司值多少钱？第二，与公开市场估值相比，这家公司的估值如何？换句话说，在当前的价格下，这只股票具有吸引力吗？你的回报取决于是否在合适的时间支付合适的价格——要避免"好公司，坏股票"的陷阱。

我们的估值讨论从基本概念开始。华尔街中常用的基本估值方法包括市场估值法、内在价值估值法和基于并购交易的估值法。我们还涵盖了一些更细致的估值方法，包括分部加总法和净资产价值法。

其他估值方法在技术方面的因素较少，更多是由事件驱动的。所谓的"催化剂"能推动股价大幅上涨，可能是内部因素如不断进化的管理战略，也可能是外部因素，如股东积极主义事件。

上述估值方法工具的组合可以用来确定给定股票的目标股价。无论是买入、做空、跟踪或放弃这只股票，目标股价都是最终投资决策的核心组成部分。没有它，你就无法正确地量化上涨潜力、权衡风险与回报。

估值

接下来，我们将对选股的关键估值方法进行详细介绍（见图 4-1）。

估值方法
- **市场与内在价值估值法**
  - 可比公司法
  - 现金流量贴现法
  - 分部加总法
  - 资产净值法
- **收购估值法**
  - 可比交易法
  - 杠杆收购分析
  - 增厚（摊薄）分析

图 4-1　估值方法

市场与内在价值估值法

正如第二步所述，可比公司分析是估值的核心。你要计算出公司的关键估值倍数，并将其与同行业公司进行比较。这种相对分析有助于识别出这只股票是否被错误定价，显示出买入的机会。

一个更学术化的工具是现金流量贴现法（DCF），它基于公司预期永续产生的自由现金流对公司进行估值。然而，这些现金流需要被折现到当前的估值时点。从本质上讲，基于估值倍数的估值方法是现金流折现法的简易版本。这些估值倍数是为了计算出公司未来现金流的现值。

上面讨论的估值方法有几种不同的变体。例如，分部加总法（SOTP）适合具有多个业务部门的公司。分部加总法使用上面所列出的一种或多种估值方法来对每个业务部门进行估值。然后每个业务部门的估值会被加总。

资产净值法（NAV）与分部加总法类似。它通常用于拥有多项金融资产或实物资产的公司估值。在该项分析中，公司持有的这些资产的市场价值被加总，然后减去公司的负债。

可比公司法

对于上市公司来说，市场已经建立了一个估值参考。上市公司的股票在公共交易所被交易，投资者们在其中以给定的价格来买卖股票。你的工作是判断这些股票的价格是合理的、低估的还是高估的。

可比公司法估值建立在这样一个前提之上：上市的同行业公

司为估值提供了一个自然的参照点。当然，这要假设市场对这些公司的估值是合理的。运用可比公司法进行估值的第一步就是找到合适的同行业公司。对于一些公司来说，这一步相对简单。一家大型的美国食品与饮料公司会自然被拿来与可口可乐（KO）、通用磨坊（GIS）、家乐氏（K）、卡夫亨氏（KHC）和百事可乐（PEP）做比较。对于其他公司来说，因为没有明确的同行业公司，这一步需要更多的创造力。

然后，根据规模、成长性、盈利能力、回报和信用质量等指标，这些同行业公司互相之间被加以比较。行业特定的标准也被酌情添加到其中。这些公司的相对排名提供了一些线索，说明为何某些公司的股价相对于整组的平均值存在溢价或折价。接下来，估值据此来确定。

在图 4-2 中，我们将德尔福汽车与它的同行业公司进行了比较。到现在为止，对德尔福汽车商业模式和其竞争者的详细研究，使得我们对可比公司的理解得以拓展和提炼。我们将它们分成长期增长者和低端制造商两组汽车零部件供应商。每组的组成在表 4-1 中展示，其中我们也呈现了德尔福汽车的详细可比公司分析页。

估值倍数是可比公司估值法的核心，最主要的估值倍数包括 EV/EBITDA、P/E 和 P/FCF（或者使用其倒数，即自由现金流收益率）。更高的估值倍数通常与更好的业绩表现和预期挂钩。精明的投资者会在这些相关性中寻找突破点，或许是市场误读了公司的增长前景、成本削减举措、资本回报机会，或其他关键的催化剂。你的工作是评估公司估值倍数与其基本面的差异是否代表着有吸引力的投资机会。

表4-1 可比公司法分析——估值倍数输出页

(单位：百万美元，每股数据除外)

公司名称	股票代码	当前股价	52周最高价 百分比	股权价值	企业价值	EV/EBITDA			P/E			自由现金流收益率		
						2011E	2012E	2013E	2011E	2012E	2013E	2011E	2012E	2013E
长期增长者														
奥托立夫	ALV	52.90	63%	4 962	5 048	4.3x	4.2x	4.0x	7.9x	7.9x	7.6x	8.6%	9.6%	9.8%
博格华纳	BWA	65.63	80%	8 451	9 527	9.0x	7.8x	6.8x	15.1x	13.1x	11.0x	3.9%	5.9%	7.2%
金泰克斯	GNTX	28.18	84%	4 067	3 611	12.9x	11.0x	9.5x	24.3x	20.1x	17.1x	2.0%	3.7%	5.6%
哈曼	HAR	40.77	79%	2 931	2 624	6.8x	6.0x	5.3x	16.3x	13.5x	11.9x	8.1%	8.2%	8.2%
江森自控	JCI	32.45	90%	22 101	24 957	8.3x	6.7x	5.8x	12.4x	10.2x	8.4x	1.0%	5.0%	7.0%
伟世通	VC	57.43	76%	2 985	3 487	5.2x	4.6x	4.2x	15.5x	12.0x	10.5x	—	5.5%	7.5%
德尔福汽车	DLPH	22.00	NA	7 221	8 501	4.2x	3.9x	3.5x	6.7x	6.0x	5.0x	10.1%	12.5%	14.8%
平均值						7.7x	6.7x	5.9x	15.2x	12.8x	11.1x	4.7%	6.3%	7.5%
低端制造商														
美国车轴	AXL	8.70	54%	656	1 592	4.3x	4.0x	3.6x	4.3x	4.2x	3.6x	3.2%	8.6%	13.1%
德纳	DAN	13.33	70%	2 863	3 721	5.1x	4.5x	4.0x	8.5x	7.6x	6.0x	6.0%	9.7%	11.9%
李尔	LEA	41.81	75%	4 480	3 616	3.5x	3.2x	3.0x	7.8x	7.4x	6.9x	9.9%	10.9%	11.4%
麦格纳	MGA	34.06	55%	8 260	7 127	3.7x	3.5x	3.1x	8.7x	7.7x	6.5x	5.8%	8.6%	10.5%
天纳克公司	TEN	29.15	63%	1 800	2 988	5.1x	4.3x	3.8x	10.9x	8.4x	7.0x	4.2%	9.7%	11.3%
天合汽车	TRW	34.18	55%	4 570	5 407	3.2x	3.1x	2.9x	4.9x	4.9x	4.8x	12.0%	12.8%	14.6%
德尔福汽车	DLPH	22.00	NA	7 221	8 501	4.2x	3.9x	3.5x	6.7x	6.0x	5.0x	10.1%	12.5%	14.8%
平均值						4.1x	3.7x	3.4x	7.5x	6.7x	5.8x	6.9%	10.1%	12.1%

大多数情况下，公司的估值与可比公司相脱节是有充分理由的，尤其是对于所谓的价值陷阱而言。价值陷阱股票存在着基本面或结构性问题，导致未来的盈利降低。因此，今天 15 倍的市盈率基于未来较低的盈利水平实际上可能是 25 倍。就像我们的一位好友喜欢说的那样："东西看起来很便宜，是因为它快要价值为零了。"

然而，有时你会发现真金。估值折让很容易理解——比如，该公司的增长率位居行业前四分之一，但估值倍数落后于同行。在大多数情况下，这需要进行更细致的分析。否则，市场很可能早就消除了其中的套利空间。

现在我们来看一看德尔福汽车。根据图 4-2，该公司的每股盈利的年复合增长率轻松高于低端制造商类的同行可比公司，尽管略低于表现最好的博格华纳公司，但德尔福汽车与长期增长者的增长率水平基本持平。该公司 12.7% 的 EBITDA 利润率也高于低端制造商的 9.5%，接近长期增长者的水平。此外，德尔福汽车的 20.5% 投入资本回报率（ROIC）大幅高于两个同行业可比公司分组各自的均值。

然而，如表 4-1 所示，德尔福汽车的交易价格与长期增长者可比公司相比具有显著折让，在所有估值衡量标准（EV/EBITDA、P/E、自由现金流收益率）上均如此。其 2013 年预期的 EV/EBITDA 为 3.5 倍，P/E 为 5 倍，和低端制造商类公司相对一致，但低于长期增长者，后者平均分别约为 6 倍和 11 倍。

外界对德尔福汽车英国公司的低税率是否可持续持怀疑态度，很可能导致了其市盈率的折扣。换句话说，投资者们对未来的税收优惠的预期打了折，从而降低了他们对每股盈利的预期。这也体现在德尔福汽车 2013 年预期的自由现金流收益率约为 15%，与两组可比公司的每组平均值相比，估值都明显便宜。尽管管理层在 IPO 路演和随后的盈利公告电话会上都尽了最大努力强调公司税收优惠的可持续性，但即使如此，德尔福汽车的估值倍数仍相对较低。

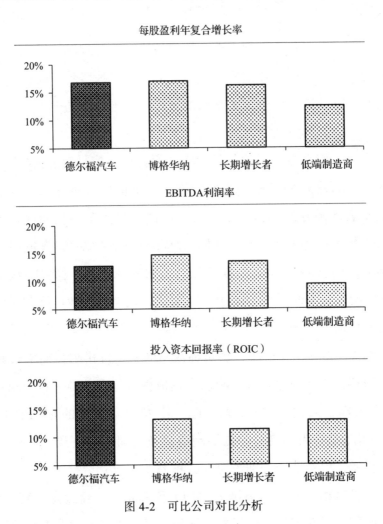

图 4-2　可比公司对比分析

　　总之，德尔福汽车的财务状况与长期增长者相似，但被视为低端制造商公司。市场显然对新德尔福汽车未来表现持怀疑态度。然而，我们在第三步中的工作让我们有理由相信德尔福汽车新的商业模式是有效的。随着时间的推移和持续性的业绩表现，我们相信破产的污点终将会消散，德尔福汽车将会被重新给予更高的估值。

现金流量贴现法

　　现金流量贴现法的基本假设是一个公司的价值是其未来现金流的现值。这就是所谓的内在价值，因其是以公司所产生的现金流为基础进行估值的。从这个意义上说，现金流量贴现法有助于检查可比公司法等基于市场进行估值的方法，市场法在市场过度繁荣或熊市期间可能会被扭曲。当可比公司较少或没有时，现金流量贴现法也很有价值。

　　理论上，现金流量贴现法应该是最准确的公司估值方法。然而，在实践中，有一些关键因素限制了它的相关性和可靠性。最值得注意的是，它高度依赖于对未来自由现金流预测的假设，而这些假设本身就有不确定性。预测期间越长，预测自由现金流的不确定性就越高。对折现率和期末终值的额外假设更是使得情况复杂。因此，现金流量贴现法的估值结果是以对关键输入参数敏感的一个估值范围来被看待的，最敏感的关键输入参数包括折现率和退出倍数。表 4-2 中展示了德尔福汽车的现金流量贴现法估值结果。

表 4-2　德尔福汽车现金流量贴现法估值结果

（单位：百万美元，每股数据除外，财年结束日为 12 月 31 日）

现金流量贴现法分析	2011E	第 1 年 2012E	第 2 年 2013E	第 3 年 2014E	第 4 年 2015E	第 5 年 2016E
EBITDA	2 044	2 157	2 433	2 731	2 948	3 172
减去：折旧与摊销	（478）	（490）	（532）	（575）	（610）	（645）
EBIT	1 567	1 667	1 901	2 155	2 338	2 526
减去：税费	（317）	（338）	（385）	（436）	（473）	（512）
加上：折旧与摊销	478	490	532	575	610	645
减去：资本开支	（629）	（747）	（811）	（878）	（931）	（985）
减去：营运资本的增加（减少）	（138）	（26）	（61）	（65）	（50）	（50）
无杠杆自由现金流	959	1 047	1 175	1 352	1 494	1 625
折现期（进行中期调整）		0.5	1.5	2.5	3.5	4.5
10% WACC 对应的折现系数		0.95	0.87	0.79	0.72	0.65
自由现金流现值		998	1 019	1 065	1 070	1 058

企业价值			隐含股权价值与隐含股票价格	
自由现金流现值总和	5 210 A		企业价值	15 058
			减去：总负债	（2 173）
终值			减去：优先股	—
预测期最后一年的 EBITDA	3 172		减去：少数股东权益	（462）
退出倍数	5.0x		加上：现金与现金等价物	1 355
终值	15 860			
折现系数	0.62		隐含股权价值	13 778
终值的现值	9 848 B			
占企业价值的百分比	65%		充分稀释后股数	3.28 亿
企业价值（A+B）	15 058 C		隐含股票价格	41.97

　　自由现金流预测。现金流量贴现法通常基于 5 年的预测期间，这一时间长度足以让公司度过一个商业周期并达到理论上的稳定状态[⊖]。预测从销售收入或 EBITDA 开始，逐步推进到无杠杆自由现金流，或是在扣减利息费用之前的自由现金流。这些预测基于公司管理层指引（如果提供了的话）、股票研究和第三方来源。最终，你需

⊖　根据公司所处的行业、发展阶段和其财务表现背后的可预测性的不同，预测期间可能会有所拉长。

要依赖自己对公司和行业的尽职调查与判断。在第三步中对德尔福汽车的预测，是我们进行现金流量贴现法估值的基础。

终值。考虑到预测公司永久财务状况的难度，终值被用来体现 5 年财务预测期之后的现金流。

终值通常以公司最终预测年度[⊖]的 EBITDA 倍数为基础进行计算。这也被称为退出倍数法（EMM）[⊜]。对于大多数行业来说，标准做法是使用可比公司的 EV/EBITDA 倍数（见式（4-1））。对于德尔福汽车，我们假设退出倍数为 5 倍，这一倍数是长期增长者和低端制造商同行公司组合的加权平均值，并且出于保守的倾向，在计算均值时给予了后者更多的权重。

退出倍数法：第 n 年的 EBITDA × 退出倍数

（其中，n = 预测期间的最后一年）　　　式（4-1）

加权平均资本成本（WACC）是将公司的预测自由现金流和终值进行折现时所使用的折现率。它是对公司投入资本（包括债权和股权）必要回报的"加权平均"。WACC 通常被称为折现率或资本成本。

正如式（4-2）所示，加权平均资本成本的计算需要几个基准假设。

$$\text{WACC} = \underbrace{\boxed{\text{税后债权成本} \times \text{债权在资本结构中的百分比}}}_{\text{债权}} + \underbrace{\boxed{\text{股权成本} \times \text{股权在资本结构中的百分比}}}_{\text{股权}}$$

式（4-2）

⊖　最终预测年度指财务预测期间的最后一年。

⊜　另一种方法为永续增长法，预测最终预测年度的自由现金流的可持续长期增长率，然后通过计算增长型永续年金来计算终值。

债权和股权的比例是基于假设的公司长期资本结构。典型组合可能是 30% 的债权和 70% 的股权。在缺乏公司管理层具体指引的情况下，可以看看公司的历史资本结构和同行业公司的情况。

债权成本通常可以从公司债券的收益率中收集。根据利率环境的不同，高质量投资级公司的收益率通常在中低个位数水平，而高收益债券的票息可能会高出几百个基点。投机性更强的债券收益率则超过 10%。

股权成本则更难衡量。投资专业人士使用资本资产定价模型（CAPM）[注]，这是一个用来计算公司股权预期收益率的公式。自标普 500 指数设立以来，包括股息在内，其平均回报率约为 11%。与债权一样，风险较高的公司股权成本较高，而较稳定的公司股权成本较低。

在后大萧条时期的低利率环境中，大多数公司加权平均资本成本在 7%～12%。投资级的大市值公司加权平均资本成本会偏向上述范围的低段，甚至更低。投机性公司加权平均资本成本则会处于上述范围的高段，甚至更高。

对于 2011 年的德尔福汽车，我们计算出其加权平均资本成本为 10%。这基于基准债券收益率 6% 的债权成本（税后 4.8%）和 12.5% 的股权成本。我们还假设长期债务与总市值的比例为 30%，即股权占 70%。

现值。计算现值（PV）的核心是今天的 1 美元比明天的 1 美元

[注] CAPM = 无风险利率 + 贝塔 × 市场风险溢价。无风险利率是"无风险"证券的预期收益率，通常为 10 年期美国国债收益率。贝塔衡量的是该公司股票收益相对股票市场收益的波动性。高贝塔的股票波动性更强。市场风险溢价指的是股票投资者期望获得的无风险利率以上的增量回报，一般在 5%～8%。

更有价值，也就是货币的时间价值。这是因为随着时间的推移，1 美元可以通过投资和赚取利息产生回报。

对于现金流量贴现法，现值的计算方法是将年度自由现金流和终值乘以它们各自的折现系数。折现系数是一个小数，是在给定折现率的情况下，在未来某一日期获得 1 美元的现值。在 10% 的加权平均资本成本下，第 1 年末收到的 1 美元的折现系数是 0.91（$= 1/(1 + 10\%)^1$）。因此，在预测期第 1 年 1 亿美元的自由现金流现值是 9100 万美元。

在实践中，为反映自由现金流是在全年而非年末产生的现实，现值计算需要被加以调整。这被称为中期调整。使用中期调整和 10% 的加权平均资本成本，第 1 年的折现系数为 0.95（$=1/(1 + 10\%)^{0.5}$）。如表 4-2 所示，我们对德尔福汽车使用了中期调整法。但是，对于终值，我们使用了全年折现法，因为总金额被假定在预测期结束时一次性收到。要注意，与第 5 年自由现金流的折现系数 0.65 相比，对终值的折现系数为 0.62。

估值汇总

企业价值。公司五年的预测自由现金流和终值被折现到现在。这些值的总和代表企业价值。就德尔福汽车而言，五年的预计自由现金流现值合计为 52 亿美元（见表 4-2 中的 "A" 项）。预测期间最终年度 EBITDA 为 32 亿美元，以 5 倍的退出倍数来计算，终值为 159 亿美元。然后这个价值以 10% 的加权平均资本成本折现为 98 亿美元的现值（见表 4-2 中的 "B" 项）。未来自由现金流的现值和终值之和为企业价值 151 亿美元（四舍五入，见表 4-2 中的 "C" 项）。

股权价值。一旦你知道了企业价值，股权价值很好计算。只需要减去净债务、优先股和少数股东权益。对于德尔福汽车，8.18 亿美元的净负债、4.62 亿美元的少数股东权益从 151 亿美元的企业价值中被减去，得到隐含的股权价值为 138 亿美元。

股票价格。接下来，你将隐含股权价值除以充分稀释的股份数。对于德尔福汽车来说，138 亿美元的股权价值除以 3.28 亿股经稀释后的股票，得到的股票价格接近 42 美元。这比 IPO 时每股 22 美元的价格高出 90% 以上。

敏感性分析。考虑到上面讨论的多种假设，现金流量贴现法估值是按一个范围来看待的，而非一个单一的值。这个范围是由敏感的关键输入因素所驱动，比如，加权平均资本成本、退出倍数。财务表现的驱动因素也可能对估值较为敏感，最显著的是销售增长率和利润率。这种所谓的敏感性分析证明了这样一种观念：估值"既是一门艺术，也是一门科学"。

正如表 4-3 所示，退出倍数每变动 0.5，股票估值就变动每股 3 美元。类似地，加权平均资本成本每变动 0.5%，隐含的股票估值就大约变动每股 0.75 美元。

表 4-3　现金流量贴现法敏感性分析

（单位：美元）

		隐含股价			
			退出倍数		
	4.0x	4.5x	5.0x	5.5x	6.0x
WACC 9.0%	37	41	44	47	50
9.5%	37	40	43	46	49
10.0%	36	39	42	45	48
10.5%	35	38	41	44	47
11.0%	35	37	40	43	46

分部加总法

一些公司属于单一业务的公司类别。它们的业务模式比较集中，也比较容易被贴上标签，如家得宝（HD）和麦当劳（MCD）。另一个极端是综合性企业集团，有一群基本上不相关的业务被归拢在一个公司的屋檐下。

许多公司介于两者之间。它们有多个业务部门，这些部门可能共享相似的投入、原材料、客户和终端市场，但增长率和利润率不同。对于这些公司来说，使用对每个业务部门分别估值的分部加总法通常是有帮助的。

分部加总法使你能够确定在整体和其分部之间是否存在估值套利。在某些情况下，你可能会发现这些分部的价值分别加总比公司整体的交易价格要高。考虑到市场对某些分部的内在价值存在误读，这可能预示着一个买入机会。分拆或剥离其中一个或多个业务部门可以成为释放这一价值的催化剂。

标准的分部加总法使用可比公司法进行估值。你可以为每个业务部门找到最恰当的可比公司，然后相应地应用它们的倍数。这自然也是评估一个正在被考虑被分拆出去的业务部门的价值的方法。然后将每个业务部门的价值相加，得出整个公司的隐含估值。

"混合匹配"方法也适用于分部加总法。比如，你的投资主题是要出售一个或多个业务部门。在这种情况下，先前可比交易或杠杆收购（LBO）分析可以用来评估这些部门的估值。

虽然分部加总法在德尔福汽车 IPO 时并不是特别适用，但它确实适用于洛克伍德控股公司（ROC）。2011 年，洛克伍德公司成为全球领先的特种化学品公司，拥有四大业务板块。如表 4-4 所示，洛克伍德公司在 2011 年底的分部加总法估值结果为 60 美元的隐含股价。这比当时 39.37 美元的股价高出 50% 以上。

在接下来的两年中，洛克伍德公司继续出售其高级陶瓷和二氧化钛业务，以及部分的性能添加剂部门。然后，在 2014 年 7 月，洛克伍德公司的剩余部分以每股近 80 美元的价格卖给了雅宝公司（ALB）。总而言之，洛克伍德公司股东的财富较 2011 年 12 月翻了一倍。显然，分部加总法估值中所隐含的内在价值在此之前并没有被市场所认可。

表 4-4　洛克伍德公司分部加总法估值

洛克伍德公司（股票代码：ROC）
分部加总法估值（SOTP）　　　　　　　（单位：百万美元，每股数据除外）

	2012E EBITDA	EV/EBITDA 目标倍数	隐含 企业价值	占总价值 百分比
业务部门				
特殊化学品	350	8.5	2 975	44%
性能添加剂	165	8.0	1 320	19%
二氧化钛	175	5.0	875	13%
高级陶瓷	185	9.0	1 665	24%
部门 EBITDA 总计	875	7.8	6 835	100%
减去：公司层面开支	(45)	7.8	(352)	
整体 EBITDA 总计	830	7.8	6 483	
减去：负债			(1 729)	
减去：少数股东权益			(311)	
加上：现金			358	
隐含股权价值			4 801	
稀释后股份数（百万股）			80	
隐含股价			60.00	
2011 年 12 月 31 日股价			39.37	
上涨空间			52%	

资产净值法

资产净值分析在传统上被用于拥有多种不同金融或实物资产的公司估值。常见的例子包括房地产投资信托（REITs）、石油和天然气勘探与生产公司以及金融控股公司。

资产净值反映的是公司资产减去负债后的市场价值。对于持有多家企业股份的控股公司来说，母公司的股价与其所持股份的市场价值之间可能存在脱节。

拥有多家上市公司和私人公司股份的自由媒体公司（前身为LMCA 公司）就是一个典型的例子。根据表 4-5，在 2012 年 12 月，LMCA 公司 105.56 美元的股价与其持有资产的总市场价值相比有 11% 的折扣。其影响因素包括复杂性、内嵌的应税收益、紧张的交易流动性以及具有讽刺意味的、有关如何大幅降低资产净值公开市场折价的不确定性。最终，其核心资产星光娱乐集团（Starz Entertainment）、亚特兰大勇士队（Atlanta Braves）和天狼星电台（Sirius XM）股权的剥离为自由媒体公司股东创造了巨大价值。截至 2019 年，持有该股的投资者获得了 15% 的年化回报率。

资产包的市场价值和账面价值之间也可能存在脱节。这通常是由于会计上的资产折旧年限与资产的实际使用年限不同，以及股息分派和股票回购的净效应导致。

清算价值分析是资产净值分析的一种变体，经常被用于不良资产或破产的情景中。它试图计算公司资产在清算或被迫出售情况下的出售价格。如果清算价值大于公司负债的总和，那么剩余价值就可以被公司股东所享有。考虑到强制出售的情景，清算分析对资产的市场价值打了大幅折扣。

表 4-5 自由媒体公司资产净值分析

自由媒体公司（股票代码：LMCA）
资产净值分析（NAV）

2012 年 12 月 4 日数据 （单位：百万美元，每股数据除外）

	股票代码	持股比例	持股数	股价	价值	每股资产净值	占资产净值百分比
并表的资产							
星光娱乐集团		100%			2 150	17.24	15%
亚特兰大勇士队		100%			550	4.41	4%
真实立场公司		100%			200	1.60	1%
其他					350	2.81	2%
总计					3 250	26.06	22%
公开市场股票							
天狼星电台	SIRI	50%	3 248.7	2.76	8 966	71.90	61%
现场国度公司	LYV	26%	48.7	8.77	427	3.43	3%
时代华纳公司	TWX	1%	9.4	44.77	421	3.37	3%
时代华纳有线	TWC	1%	2.4	94.97	228	1.83	2%
维亚康姆公司	VIAB	1%	5.0	51.30	256	2.06	2%
其他					476	3.82	3%
总计					10 775	86.40	73%
资本结构							
债务					(540)	(4.33)	(4%)
现金与等价物					1 025	8.22	7%
其他					300	2.41	2%
总计					785	6.30	5%
资产净值					14 810		100%
稀释后股份（百万股）					125		
每股资产净值					118.76		
当前股价					105.56		
与资产净值相比的溢价（折让）					(11.1%)		

收购估值法

投资者还会评估收购或并购背景下的估值。他们会评估战略收购方能够为公司支付的价格，并通常在心里已考虑好特定的收购方。他们可能还会探究私募股权收购方能为公司支付多少钱。收购估值对于发展迅速的公司或行业尤其重要，因为并购是投资主题的一部分。

主要的收购估值方法包括可比交易分析（"先例"）和杠杆收购分析。可比交易分析是根据以往交易中对可比公司支付的倍数得出估值。杠杆收购分析考察的是私募股权投资公司在满足要求的回报门槛的前提下，可以为某家公司支付的价格。对于公开收购方来说，增厚（摊薄）分析也很关键，因为它衡量了交易对每股盈利的预估影响。

从理论上讲，德尔福汽车较低的估值和 IPO 后的低杠杆水平使得其被收购成为可能。但实际上，该公司的所有者并不急于出售，因为他们认为股价会上涨。此外，在大衰退后这么短的时间内，潜在买家不太可能采取激进的并购行动。更有可能出现的情况是，德尔福汽车将继续升级其产品与业务组合。这可能包括出售非核心业务，或进行收购以抢占更高质量的业务领域。

可比交易法

可比交易法，就像可比公司法一样，使用的是基于倍数的估值方法。然而，其中所使用的倍数是在过往类似公司收购交易中的估值倍数。就像可比公司一样，这些可比交易所列示的格式便于比较与对标。

找到一组合适的可比收购案例是可比交易法的基础。与可比公司一样，最好的可比收购是在基本面上与目标公司相似的公司。一般来说，那些发生在过去三年内的近期交易是最适当的。

表 4-6 展示了 2009～2011 年宣布的汽车零部件供应商并购交

易。在全球经济衰退和并购活动低迷的情况下，几乎没有规模可观的大型交易，只有一笔上市公司交易。平均的 EBITDA 估值倍数为 6.5 倍，根据所声称的协同效应调整后，估值倍数为 6 倍。协同效应指的是收购整合后带来的财务和战略效益，典型的协同效应包括成本节约和收入增长机会。与历史上的可比交易相比，这些倍数在一定程度上是偏低的，因为它跨越了经济大衰退时期。

表 4-6　汽车零部件供应商并购交易

（单位：百万美元）

可比交易分析					EV/ EBITDA		EBITDA 利润率
宣布日期	收购方 / 标的公司	收购类型	支付方式	企业价值	实际	协同效应调整后	
7/28/11	吉凯恩集团 / 格特拉克 – 轮轴业务	上市公司 / 私有企业	现金	482	5.6x	—	13%
7/28/11	斯特林集团 / 斯塔克波尔	杠杆收购 / 私有企业	现金	285	5.7x	—	17%
4/8/11	格雷斯集团 / 塞吉汽车内饰	杠杆收购 / 私有企业	现金	140	5.0x	—	12%
12/17/10	博格华纳 / 哈尔德克斯牵引系统	上市公司 / 私有企业	现金	205	8.3x	—	15%
10/15/10	卡莱集团 / 霍克公司	上市公司 / 上市公司	现金	410	7.3x	6.2x	20%
12/16/09	蒙塔萨公司 / 德纳 – 结构产品	私有企业 / 上市公司子公司	现金	147	6.8x	—	6%
11/2/09	佛吉亚集团 / 埃康姆科技	上市公司 / 私有企业	股票	408	7.0x	5.8x	2%
平均值					6.5x	6.0x	12%
中位数					6.8x	6.0x	13%

在正常的市场环境下，可比交易的估值倍数往往高于可比公司的估值倍数，主要有两个原因。首先，买家通常在收购另一家公司时需支付"控制权溢价"。这个溢价一般在 30%～40%，但也有可

能更高。作为回报，收购者将获得目标公司业务和未来现金流的控制权。其次，战略收购方通常能实现协同效应，从而支持更高的收购价格。

一旦确定了最具可比性的收购交易，你就可以深入了解每笔交易的具体情况和背景。这能让你更好地理解交易估值倍数及其与你所研究股票的相关性。许多因素会影响一笔交易的估值倍数。其中包括交易时的宏观经济和资本市场环境、出售过程动态、协同效应以及买家是战略投资方还是私募股权。

买方和卖方的动机，包括善意收购和恶意收购的情况，以及购买的支付方式（即，支付给目标股东的现金和股票的具体组合比例）也是相关的。一般来说，全用现金支付的交易溢价要高于用股票支付的交易。通过在先期获得现金，出售股权的股东因为其错过了参与合并后公司未来收益的机会而获得了补偿。

主要估值倍数

EV/EBITDA 倍数是可比交易法的核心，其中企业价值（EV）基于每股收购价而非当前股价。如上所述，要约收购价格通常反映了相对于当前股价的显著溢价。对于银行等特定行业，市盈率和市净率可能更为适用。

投资者往往关注根据预期协同效应调整后的估值倍数。这种方法增加了目标公司自身 EBITDA 之外的协同效应，从而降低了隐含的估值倍数，并突出了买方的视角与观点（见式（4-3））。

$$EV/EBITDA = 企业价值 / EBITDA$$

$$协同效应调整后的 EV/EBITDA = 企业价值 / (EBITDA + 协同效应)$$

式（4-3）

杠杆收购分析

杠杆收购（LBO）是指用大量债务为收购公司的对价进行融资的收购，通常债务融资比例为收购对价的 60%～70%。其余部分由私募股权投资公司出资。

杠杆收购分析被私募股权投资者用来评估潜在收购对象的价值。股票市场投资者需要了解私募股权投资者是如何形成估值、以确定某家上市公司是否可能成为收购对象的（也就是"私有化"的候选公司）。在很多情况下，杠杆收购对价相应的隐含价格是股票的估值下限。考虑到表现不佳的公司固有的卖出风险，这一估值也有助于评估空头头寸。

在实践中，大多数上市公司都不是可行的私有化候选人。任何规模、价格、业务情况、支持高杠杆的能力和可操作性等因素都可能是潜在的障碍。德尔福汽车的杠杆收购可行性较为复杂。虽然它较低的估值水平对收购者有吸引力，但它的规模、曲折的过去和周期性都是阻碍因素。此外，2011 年的市场仍在适应大衰退后的世界。因此，对私募股权投资者和融资方来说，对一家近期破产的汽车零部件供应商加杠杆并非他们的首选交易。

就像折现现金流法一样，杠杆收购分析也基于五年预测期间的模型。然而，还有一些额外的复杂因素，包括对收购价格、融资结构、债务条款和退出倍数的假设。

杠杆收购的债务与 EBITDA 的杠杆比率通常在 4.5～6.5 倍，具体倍数取决于信用质量、行业、公司规模和市场环境。债务结构和债务成本也取决于这些因素。例如，相较于更成熟的订阅型商业模式的公司而言，一家更具投机性的周期性公司不得不承担较低的杠杆倍数以及承受更高的混合债务成本。债务部分由最低股权出资支持，股权出资通常至少占收购价格的 25%。

杠杆收购分析的退出倍数是基于可比公司在周期中期或正常化经营基础下的估值倍数[⊖]。一旦基础的杠杆收购假设确定，你就可以算出满足私募股权投资回报标准的收购价格。

私募股权投资公司通常将年化收益率（内部回报率，即"IRR"）设定在 15% 左右或更高，或者 5 年内退出时实现 2 倍的现金对现金（cash-on-cash，"CoC"）收益率。退出的方式是出售或首次公开募股。

杠杆收购如何创造回报

杠杆收购通过债务偿还和企业价值增长相结合的方式创造回报。对于前者，假设 EV/EBITDA 倍数不变，债务每减少 1 美元，权益价值就增加 1 美元。根据后者，企业价值增长是更高的 EBITDA 或估值倍数增长的函数。在表 4-7 中，我们解释了这是如何奏效的，包括内部回报率（IRR）和现金对现金回报（CoC）的计算。我们假设如下：

Ⅰ. 私募股权投资公司用 10 亿美元收购了一家公司，对应其 1 亿美元 EBITDA 的 10 倍。

Ⅱ. 收购采用 65% 的债权融资（6.5 亿美元）和 35% 的股权融资（3.5 亿美元），杠杆率为 6.5 倍。

Ⅲ. 公司在未来 5 年中每年产生 5000 万美元（总计 2.5 亿美元）的自由现金流用于偿还债务。

⊖　从保守角度出发，退出倍数通常被假设等于或低于交易时点的倍数。

Ⅳ. 公司在第 5 年末以 15 亿美元出售（假设第 5 年的出售倍数仍为当年 1.5 亿 EBITDA 的 10 倍）。

表 4-7　杠杆收购如何产生回报

（单位：百万美元）

	第 0 年	第 1 年	第 2 年	第 3 年	第 4 年	第 5 年
初始股权投入和退出时股权价值计算						
股权投入	(350)					
总债务期初余额		650	600	550	500	450
自由现金流		(50)	(50)	(50)	(50)	(50)
总债务期末余额	650	600	550	500	450	400
出售价格	=第 1 年的债务期初余额 − 第 1 年自由现金流					1 500
减去：期末债务余额	= 650−50					(400)
退出时股权价值						1 100
IRR 时间线与计算						
		=IRR（初始股权投入：退出时股权价值）				
初始股权投入	(350)	=IRR(−350: 1 100)				
分红 /（投资额）	—	—	—	—	—	—
退出时股权价值	—	—	—	—	—	1 100
总现金流入 /（流出）	(350)	—	—	—	—	1 100
内部回报率（IRR）						25.7%
现金对现金回报（CoC）						3.1x

=现金流入 / 现金流出
=1 100/350

由于每年有 5000 万美元的自由现金流用于偿还债务，5 年后 6.5 亿美元的初始债务已减少至 4 亿美元。考虑到 15 亿美元的出售价格和 4 亿美元的剩余债务，私募股权投资公司在退出时将获得 11 亿美元现金。基于 3.5 亿美元的初始股权出资，IRR 为 25.7%（使用 MS Excel IRR 函数），现金对现金回报为 3.1 倍。

增厚（摊薄）分析

增厚（摊薄）分析对于评估收购相关的股票投资机会很关键。它用给定的融资结构衡量交易对收购者每股盈利的预估影响。如果预估每股盈利高于收购者的交易前每股盈利，该交易被认为是增厚的。反之，如果预估每股盈利变低，则该交易将被认为是摊薄的。

是的，为收购标的支付的总体价格和估值倍数都很重要。但投资者的第一个问题往往是，这笔交易是否能增厚，增厚的幅度有多大。摊薄的交易会降低每股盈利或每股自由现金流，从而降低股东价值（假设估值倍数不变）。因此，收购者会回避摊薄类的交易。

那么，该如何进行计算呢？对于 100% 的股票交易，一个经验法则是，当收购方收购一个估值倍数更低的收购对象时，这个收购是增厚的。这很直观。当一家公司为收购对象的盈利所支付的估值倍数低于其自身收益的估值倍数时，它在数学上必须是增厚的。

相反，如果收购方在全股票支付的交易中收购了一家估值倍数更高的公司，这笔交易实际上是摊薄的。然而，大规模的协同作用可能会抵消这一惯例。此外，如果交易主要是债务融资，收购对象的净利润贡献往往超过相关的增量利息费用，从而导致交易是增厚的。投资者会寻找这样的收购者：通过有纪律的收购报价、寻找到最佳融资渠道以及确定可实现的显著协同效应，来实现增厚程度的最大化。

表 4-8 展示了增厚（摊薄）计算的过程图解，并比较了 100% 现金支付（债务融资），50% 现金 /50% 股票支付和 100% 股票支付。

表 4-8　增厚（摊薄）分析

（单位：百万美元，每股数据除外）

增厚（摊薄）分析			
收购标的假设			
收购要约每股价格	25.00		
当前每股价格	18.50		
溢价百分比	35%		
稀释后股份数（百万股）	200		
标的公司股权出资额	5 000		
标的公司 EBIT	350		
协同效应	50		
收购方假设			
收购方股价	50.00		
收购方税后债务成本	6.0%		
收购方税率	25%		

	100% 现金	50% 现金 /50% 股票	100% 股票
现金	5 000	2 500	—
股票	—	2 500	5 000
收购方 EBIT	1 000	1 000	1 000
标的公司 EBIT	350	350	350
协同效应	50	50	50
预期 EBIT	1 400	1 400	1 400
收购前利息费用	(150)	(150)	(150)
增量利息费用	(300)	(150)	—
税前利润	950	1 100	1 250
25% 的公司税率	(238)	(275)	(313)
预期净利润	713	825	938
交易前净利润	527	527	527
交易前稀释后股份数（百万股）	100	100	100
新发行股份数（百万股）	—	50	100
预期稀释后股份数（百万股）	100	150	200
预期稀释后每股收益	7.13	5.50	4.69
交易前稀释后每股收益	5.27	5.27	5.27
增厚 /（摊薄）	1.86	0.23	(0.58)
增厚 /（摊薄）	35%	4%	(11%)
增厚的 / 摊薄的	增厚的	增厚的	摊薄的

催化剂

催化剂是指能够通过更高的盈利能力、估值倍数扩张（即所谓的"重新评估"）或两者兼有的方式创造股东价值的事件。精明的投资者寻求预见到催化剂的存在和预期的市场反应。这意味着在催化剂被宣布或反映在股价中之前，就要持有这只股票的头寸。

一旦催化剂出现，你必须区分一次性的股价上涨与基本面价值重估和长期盈利增长。一次性的股价上涨可能是由于不可持续的短期收益增长（比如，竞争对手的失误或天气原因）。这种上涨可能是短暂的，在接下来几个月里会出现回落。基本面价值重估则以更有力的基础为前提——战略性并购、资产组合重组、大幅削减成本、对股东有利的资本配置或者轰动市场的新产品。

下面，我们将对催化剂展开讨论，探讨如何预见到可以释放价值的事件（见图 4-3）。这与第 1 章形成了鲜明的对比，在第 1 章中，我们在公司公开披露之后对这些事件进行筛选。

```
催化剂
■ 盈利情况
■ 投资者日
■ 并购
■ 分拆与剥离
■ 重组与业绩反转
■ 股票回购与分红
■ 再融资
■ 管理团队变动
■ 股东积极主义事件
■ 新产品与新客户
■ 监管环境
```

图 4-3　催化剂

德尔福汽车的投资主题涉及多个潜在的催化剂，即盈利加速、资本回报、产品组合精简、收购和破产污点的清洗。下一代产品的前景也可以预见。精明的投资者本可以对主要股东在破产过程中制定的架构抱有信心，相信活跃、成就卓著的董事会将采取正确的手段来创造价值。一些催化剂取得了成果，一些没有，还有一些是受欢迎的惊喜。

盈利情况

公布盈利情况后，公司的股价可能会有大幅波动。为什么会这样？难道市场不应该在一个狭窄的区间内预测盈利结果吗？在大多数情况下，公司在公布盈利后基本上还是和之前一样。那么，有什么理由来论证这种巨大的潜在波动呢？

答案很简单。企业不断发展，力求在竞争环境中成功。至少，它们需要实现既有的战略。盈利情况是对战略执行的认定（或否定）。在某种意义上，它们是公司的季度报告卡。盈利达到预期，投资者的反应就应该是温和的，而强劲的表现应该得到回报。未达到盈利预期应受到严厉谴责，特别是在出现长期结构性问题的情况下。

可以这么说，盈利的优异表现是任何投资主题的核心。靠谱的执行力和持续的盈利增长可能是一只股票成为大赢家的全部必要条件。对于传统股票投资者的投资组合来说，盈利复利增长的股票通常是其中的支柱。

作为一个选股者，你需要能够将季度盈利与上年同期和分析师的一致预期进行比较。在第五步中，我们提供了分析模板来帮助你完成这一关键任务。

德尔福汽车在 2012 年 1 月 26 日发布的 2011 年第四季度业绩

公告是一个至关重要的节点。这是该公司 IPO 后首次发布的业绩报告，也是首次提供财务业绩指引。2011 年第四季度，该公司销售额为 39 亿美元（与去年同期相比增长 6.8%），与华尔街的预期大致相符。然而，2011 年第四季度的 EBITDA 为 5.3 亿美元（与去年同期相比增长 55%），每股盈利为 0.88 美元（与去年同期相比增长 287%），这是一个巨大的突破，显示了管理层强大的执行力和成本削减成果。

德尔福汽车 2011 年全年销售额为 160 亿美元，EBITDA 为 21 亿美元，每股盈利为 3.49 美元。与 2010 年相比，这些都是相当大的提升，远高于华尔街的预期。股价对这一消息反映良好，当日上涨了 4.7%。

公司也使用业绩公告来提供或更新财务业绩指引（如果提供的话）。更新形式可以是确认现有的指引意见或上修和下修。在某些情况下，公司会提供长期的收入或盈利目标，比如，5 年目标收入为 100 亿美元，EBITDA 利润率为 15% 以上。通常情况下，鉴于股票市场的前瞻性，财务业绩指引比实际盈利更重要。新的指引或其修订是重要的催化剂。即使是相对较小的变化也会造成股价的大幅波动。

除了业绩指引，业绩电话会议还为公司管理层提供了宣布公司重大事件、新业务发展和战略变化的机会，这些可能本身就是催化剂。市场会迅速处理这些新信息，并对其进行初步评估——这些消息会导致股价上涨、下跌或基本保持不变。投资者会跟踪这些新举措随着时间推移被公司落实的情况。

投资者日

公司有时会举办投资者日，直接向现有股东和潜在投资者深入浅出地介绍公司情况。这些活动通常是持续数小时的大型公开活动，包括产品演示和设施参观（如果在现场举行）。这些活动由高级管理团队主持，通常包括部门主管和商务拓展主管。在投资者日结束前，与会者将得到关于公司业务及其战略方向的全面概览。一个成功的投资者日可以帮助重塑公司的形象（如果需要的话），并推动股价走高。

德尔福汽车在 2012 年 4 月举行了首个投资者日活动，当时距其 IPO 仅过去了 5 个月。展望未来，公司设定了年度投资者日，并在这一天提供战略更新、讨论资本配置计划，宣布收购交易与新的商业尝试，并视情况提供业绩指引。2013 年，公司管理层制订了一项计划，到 2016 年将 EBITDA 利润率从低于 14% 提高到 16%。他们还提供了一项长期资本配置计划，将运营现金流的 45%～55% 用于回购股票与收购，10%～15% 用于分红，35%～40% 用于资本开支。市场对投资者日的反响良好，在接下来的两天中公司股价上涨了 9.4%。

德尔福汽车 2016 年 4 月的投资者日也值得关注，当日管理层确立了到 2020 年加速营业收入增长以及 EBITDA 利润率达到 18.5% 的目标。管理层还讨论了公司的产品组合重组策略，并宣布授权再回购 15 亿美元股票。与 2013 年的投资者日活动一样，德尔福汽车的股价也做出了积极反应，在接下来的几天中上涨了 6.7%。

并购

正如在第一步中所讨论的，各类并购情景都可以成为有意义的催化剂。事件驱动型投资者和股东积极主义投资者寻找他们所预期的并购事件会推动回报产生的股票。这需要对一个行业进行深入研究，来确定潜在的收购组合——可能的收购者和被收购目标。要特别注意那些最近收购溢价很高的子行业。这通常会成为同行业公司并购整合的催化剂。

2012 年 5 月，上市仅 6 个月后，德尔福汽车宣布以约 9.75 亿美元收购 FCI 公司的机动车业务。这笔交易的收购对价约为机动车业务 EBITDA 的 7 倍，在根据潜在协同效应调整 EBITDA 之后，收购对价仅为 EBITDA 的 4.5 倍。德尔福汽车成功的并购执行在很大程度上得益于首席财务官凯文·克拉克。克拉克在收购欲极强的费舍尔科技公司任职期间，积累了丰富的并购经验——董事会在 2010 年决定聘用他加入德尔福汽车时，正是基于这项已被证明的技能。

机动车业务增强了德尔福汽车在高增长、高利润的连接器市场中已有的强势地位，同时使其客户群更多样化，并扩大了其亚洲业务。从财务角度来看，这笔交易加速了销售增长，提高了整体利润率，在考虑协同效应后，每股盈利增厚了 5% 以上。

在交易宣布的第 2 天，德尔福汽车的股价上涨了 2.7%，随着市场认识到这笔交易带来的好处，公司股价在第 2 个交易日又上涨了 5%。截至 2012 年底，公司股价已经较交易公告日上涨了近 38%。显然，投资者很满意。

3 年后，在 2015 年 7 月，德尔福汽车再次进行收购，这次它收购了英国线束管理解决方案提供商海尔曼太通集团（LSE:HTY）。

18.5 亿美元的收购价格相当于未来 12 个月 EBITDA 的 12.3 倍（协同效应调整后为 9.1 倍），与海尔曼太通前一天收盘价相比，德尔福汽车支付了近 45% 的溢价。如此高的估值倍数反映了这笔交易背后的战略必要性。海尔曼太通巩固了德尔福汽车在电气结构领域的强势地位，这是德尔福汽车最大的业务领域。虽然最初股价反响平平，但市场最终还是改变了看法。到 2015 年底，德尔福汽车的股价自交易宣布以来已经上涨了 11%。

与海尔曼太通的交易一道，德尔福汽车在 2015 年披露了几笔其他的收购与投资，旨在升级其产品组合中的技术。它投资了一家激光雷达传感公司、一家专注于自动驾驶的软件公司以及一家专注于燃油效率的科技公司。德尔福汽车将自身定位在自动驾驶、主动安全、信息娱乐和用户体验领域的前沿。

分拆与剥离

投资者通常会把他们认为业务或部门没有得到市场合理估值的公司作为目标。进行分拆与剥离的基本前提是两个（或更多）独立业务分部加总法的价值大于整体。从理论上讲，分拆与剥离应该让市场对母公司和被分拆子公司的估值都更合理。

理想情况下，你要尽早确定有可能被分拆或剥离的公司。这样，一旦交易披露、股票开始上涨时，你就可以参与到其中来。许多投资者（包括股东积极主义投资者）专门以这类机会为目标。

在最初德尔福汽车的投资主题中，产品组合优化被认定为潜在的催化剂之一，其中包括了非核心业务部门的剥离。在这方面，2015 年 2 月，德尔福汽车宣布将其热力系统部门以 7.27 亿美元的价格出售给德国汽车零部件供应商马勒（MAHLE），即 9.5 倍的 EBITDA。热力系统业务的增长速度和利润率都低于德尔福汽车整体水平。这一业务部门也不是公司对长期增长领域的着力点。在交易宣布前的几周，德尔福汽车的股价上涨了 9%，因为这一交易被广泛预期。

两年后，德尔福汽车进行了另一笔交易，这一交易更具变革性。2017 年 5 月，公司宣布将其动力系统部门免税剥离，最终更名为德尔福科技，并保留了 DLPH 的股票代码。母公司更名为安波福（股票代码 APTV，意指知识、适应性和驾驶），并保留了更高增长、更高估值倍数的电气与电子结构和电子与安全业务领域。这样一来，对于专注于电气化与互联和自动驾驶汽车领域的投资者来说，安波福成为专注于技术的该领域专业公司。与此同时，德尔福科技拥有了新的管理团队和资本计划，旨在重新加速收入增长、持续向价值链上游迁移。

在分拆公告发布后，公司股票上涨了 11%，截止到当年底又上涨了 29%。鉴于德尔福汽车各部门的增长和利润率情况各不相同，许多卖方研究分析师已经在用分部加总法对德尔福汽车进行估值。他们的分析表明，德尔福汽车各部门的价值加总超过每股 100 美元，大约比公告前的股价高出 50%。果不其然，在 2017 年底分拆完成前，公司股价超过了 100 美元。

重组与业绩反转

业绩反转类的投资机会需要找到有可行的"救赎之路"作为催化剂的问题公司。鉴于其中的风险，你对振兴战略的信念必须非常坚定。

德尔福汽车是一个典型的业绩反转案例。臃肿的成本结构、沉重的债务负担和遗留债务导致公司破产。这进而导致对公司资产的投资不足，开始影响财务业绩。

在美国破产法第十一章的破产保护期间，德尔福汽车的董事会与主要股东以及公司 CEO 罗德·奥尼尔通力合作，制定了重塑公司的战略。这项战略包括精简产品组合、取消繁重的美国联合汽车工会合同、将制造转移至最具成本优势的国家以及对长期增长机会的重新关注。

德尔福汽车在 2009 年完成重组后，业绩反转并未就此止步。正如前面提到的，董事会和管理层帮助推动了一种持续改进和精益求精的文化，这种文化渗透在整个公司中。这种对运营提升和效率的不懈关注已熔铸在企业文化中。到 2014 年底，也就是奥尼尔担任 CEO 的最后一年，德尔福汽车的 EBITDA 利润率超过 15%，比 IPO 时提高了 200 个基点。在新任 CEO 凯文·克拉克的领导下，截至 2017 年底，EBITDA 利润率进一步扩大了 200 个基点，达到接近 17% 的水平。

股票回购与分红

如前所述，有着长期股票回购计划或分红政策的公司可能是有吸引力的投资。然而，现存利于股东的资本配置战略的延续本身并不构成催化剂。真正的催化剂依赖于对动态的新股票回购计划或分红政策的预期。资本配置的重大变化可以作为一个分水岭事件，推动股价大幅上涨。大型的股票回购或分红计划尤其引人注意，例如，每年至少回购 5% 的流通股。

积极主义投资者往往把资本回报视为一种价值创造手段。对于积极主义投资者来说，一个典型的投资标的具有这样的特征：拥有大量的现金头寸，并且在配置这些资金方面没有明显的紧迫感。在积极主义投资者积累了大量的该股股票头寸（通常是 5% 或更多）之后，他们会推动管理层回购股票，或者一次性派发大笔分红，或者定期派发分红。

对德尔福汽车来说，由于其强劲的自由现金流表现、活跃的董事会和主要股东（潜在诉求），股票回购似乎是一个潜在的催化剂。2012 年 1 月，在上市仅两个月后，与其 2011 年第四季度业绩报告一道，公司就宣布了一项 3 亿美元的股票回购计划。紧接着在 2012 年 9 月，该公司又获得了 7.5 亿美元股票回购授权，当时公司市值约为 100 亿美元。消息发布后，公司股价上涨了 3.5%。

接下来，在 2013 年 2 月的投资者日，德尔福汽车宣布开始定期派发季度分红。公司 CEO 奥尼尔说："强劲的资产负债表和大量的现金流使我们今天能够采取有益于股东的行动。现金分红的启动以及我们现有已授权的股票回购计划，持续反映出我们对业务的信心和对提升股东价值的承诺。"德尔福汽车的股价在接下来的两天里上涨了 9.4%。

再融资

再融资可以作为价值重估的催化剂。一种常见的情况是，一家原本能够生存下来的公司，由于激进的债务融资扩张、大幅周期性波动或杠杆收购后债务水平过高的资本结构而陷入困境。改善资产负债表是推动该公司恢复元气的催化剂。一只陷入困境的股票也可以变成大赢家。

"重整旗鼓"类的再融资有多种形式。或许最简单的办法是获得新的或者更大的信贷额度，来为公司提供流动性。或者，做一笔用低成本债务置换高成本债务的交易，从而提高盈利和自由现金流。类似地，通过与现有债权人谈判，或者用新的、期限更长的票据对现有债务进行再融资，一家公司可以延长现有债务的到期日。在更极端的情况下，债转股可以减轻债务负担，同时为贷款人提供一部分上行收益空间。

从破产中复苏后，德尔福汽车拥有一个干净的资产负债表，具有充足的流动性。每年的利息费用从 2007 年的 7.5 亿美元降至 IPO 时的 1.25 亿美元。2011 年末，德尔福汽车的债券收益率为 6%，表明债券市场对这家公司重拾信心。

管理团队变动

一些投资者寻找的是一位新的高级管理人员能够担任变革者的情况。这家公司可能管理不善、误入歧途，或者只是需要新鲜血液。表现明显不如同行公司是一个典型的警示信号。

仅仅把目标瞄准那些新高管可以充当催化剂的公司是不够的。这种改变还必须是可执行的，或许现任 CEO 即将退休，或者董事会已经发出信号，准备好做出改变。当然，一位积极主义投资者可能将任命一位新的 CEO 或 CFO 作为其计划的核心。

从公司外雇用的新高管更有可能成为转型变革的代理人。对于需要专门技能的重组和业绩反转情况而言尤其如此。通常情况下，变革代理人来自公司所处的行业中，并拥有优秀的长期业绩记录。或许最引人注意的情景是，管理层团队变动是由董事会或拥有释放股东价值明确计划的积极主义投资者来推动的。

我们已经讨论过罗德·奥尼尔自 2007 年开始担任德尔福汽车CEO 的任期表现。几年后，在 2014 年 9 月，随着 CEO 的职位移交给凯文·克拉克，投资者有机会重新评估德尔福汽车。正如前面所提到的，董事会在 2010 年聘用了克拉克，是因为他的潜力很大。因此，当奥尼尔即将退休时，董事会和投资者都相信克拉克是一位称职的接班人。克拉克被认为将继续专注于业绩增长、卓越运营和产品组合优化。

正如一份研究笔记所总结的那样："公司守门人的更迭——业界传奇把麦克风传递给了谦逊的摇滚明星……我们对凯文·克拉克领导的德尔福汽车管理团队非常有信心，他严谨的资本配置方法和远见是造就今天的德尔福汽车的关键。"在这种情况下，继续持仓是一件好事。

股东积极主义事件

积极主义投资者不会因为预期会有催化剂就买入股票，然后耐心等待。他们在推动催化剂发挥作用的过程中发挥了"积极"作用。这是通过购买该公司相当多的股份并要求改变来实现的。著名的积极主义投资者包括伊坎企业（Icahn Enterprises）的卡尔·伊坎、特里安资本（Trian Partners）的纳尔逊·佩尔茨（Nelson Peltz）、加纳资本（Jana Partners）的巴里·罗森斯坦（Barry Rosenstein）、埃利奥特管理公司的保罗·辛格（Paul Singer）和右舷价值资本（Starboard Value）的杰夫·史密斯（Jeff Smith）。

虽然德尔福汽车的投资者中并没有积极主义投资者，但其进行IPO时的投资者中包括那些有着可靠的业绩反转类投资业绩和采用积极主义投资方式的基金。银点资本、埃利奥特管理公司、保尔森基金和橡树资本总共持有该公司45%的股份。作为德尔福汽车破产的大债权人，银点资本和埃利奥特管理公司通过将其持有的债务转换为股权，获得了德尔福汽车的所有权。它们对公司长期的深入了解和关键的治理控制，使它们在塑造新的德尔福汽车中发挥着领导作用。

银点资本和埃利奥特管理公司在与公司管理团队合作研究和执行新的战略计划方面发挥了直接作用。在公司治理方面，它们在2009年组建了一个世界级顶尖的董事会，董事会成员背景包括汽车、技术、运营、资本市场和企业重组。新董事会被要求遵循私募股权投资基金的管理风格，以积极推动股东价值提升。这意味着董事会在公司的利益绑定程度很高（远远超过典型上市公司董事会的标准），新董事在pre-IPO轮投资中已大量获得公司股权相关的权益。这种股权薪酬方案使得董事们的目标与股东的价值创造目标紧密一致。

银点资本和埃利奥特管理公司还招募了运营专家，以协助管理团队应对关键过渡事项、成本改进和绩效欠佳部门的优化。在一项关键举措中，新的董事会任命凯文·克拉克为CFO，他的背景包括在私募股权投资基金和上市公司的任职经验。正如之前所提到的，克拉克最终成为罗德·奥尼尔的继任者。

主要股东和董事会主导了德尔福汽车围绕资本结构、配置和盈利的战略。2011年4月，他们精心策划了以43亿美元回购通用汽车所持有德尔福汽车股份的行动。仅仅几个月后，他们利用 2011 年夏秋两季的欧洲信贷危机，又回购了 1.8 亿美元的股票。这些行为反映出一种专注于股东价值创造和为公司进行成功 IPO 做好准备的文化。展望未来，德尔福汽车团队成了他们自己的积极主义投资者——不知疲倦、具有前瞻性的股东资本管家。

从技术角度来看，核心股东所持股份的最终出售提供了另一个催化剂。虽然银点资本和埃利奥特管理公司没有在 IPO 中出售它们的股票，这是它们对长期投资机会看法的一个非常乐观的信号；但随着时间的推移，它们的股票将被出售给长期机构投资者。作为普遍规则，一个更持久的长期股东基础有助于消除（待出售股票）过剩的局面，重新推高股票的估值。在高质量公司的集中持股者退出时买入公司股票已被证明是卓有成效的投资方式。

新产品与新客户

主要新产品的成功推出可以转化为实质性的新销售收入和盈利。真正的行业变革者会在不影响现有产品销售的情况下跨级超越竞争对手。一旦相关消息公布，公司股价通常会因新的增长源及未来预期而上涨。

赢得大客户就像推出新产品。一份重大的新合同代表着额外的销售收入和盈利，而这些都还未反映在目前的一致预期中。

对于德尔福汽车而言，推出与安全、绿色和互联相关的新产品是其战略的核心。到 2014 年，德尔福汽车将其业务发展的方向转向了自动驾驶汽车，并在拉斯维加斯举办的年度消费电子展（CES）上展示了其最新产品的性能，其中包括 360 度雷达和紧急碰撞自动刹车平台。接下来，在 2015 年，德尔福汽车成为第一家在全国范围内开展自动驾驶试验的公司。

德尔福汽车专注于高科技、高增长、高利润的新产品，投资者并未忽视这一点。对盈利能力增强的预期，推动德尔福汽车的市盈率到 2017 年达到 2011 年 IPO 时的近三倍。此前，这一估值水平只适用于蓝筹股工业企业，而不是老式的汽车零部件供应商。

监管环境

监管环境的重大变化既创造了机会，也带来了风险。例如，一项新的交通或基础设施法案的宣布应成为集料、水泥和预拌混凝土公司的催化剂。同样，新的汽车排放标准也为供应商提供了为每辆车的零部件提升利润率的机会。

在风险方面，要注意特别敏感的行业，比如能源、金融服务、医疗保健、媒体和电信。在能源方面，美国环境保护署（EPA）有关温室气体排放的监管规定使煤炭公司大幅减少。与此同时，这为清洁能源填补空白创造了机会。

对反垄断监管的考量对所有行业都适用。美国司法部（DOJ）必须批准所有超过 9000 万美元的企业合并⊖。因此，任何与并购活动相关的投资主题或催化剂，都需要考虑获得监管部门批准的概率。2015 年康卡斯特公司收购时代华纳有线公司失败就是一个值得注意的警示。

2018 年，另一类监管问题阻碍了博通（AVGO）以 1170 亿美元收购高通（QCOM），即国家安全。这项交易是基于美国外国投

⊖ 截至 2019 年 2 月 20 日，以年度修订为准。

资委员会（CFIUS）的建议而被阻止的。

如前所述，监管方面的考虑是德尔福汽车增长的关键驱动力。在该公司所在的核心地区，日益严格的排放和安全标准的实施是催化剂。每项新标准都是德尔福汽车推出新产品并提高其在每辆车中产品数量的机会。这也增强了公司对现有客户和新客户的黏性。

催化剂是如何推动德尔福汽车公司股价的

综上所述，有意义的催化剂为德尔福汽车的股价攀升提供了清晰的指引，从 2011 年 IPO 到 2017 年分拆，德尔福汽车的股价增长到原来的近五倍（见图 4-4）。这是由优于预期的业绩、并购、股票回购和分红以及广受欢迎的投资者日和强劲的长期业绩指引所带来的。成功的 CEO 交接和分拆交易也支持了德尔福汽车令人难以置信的股价走势。

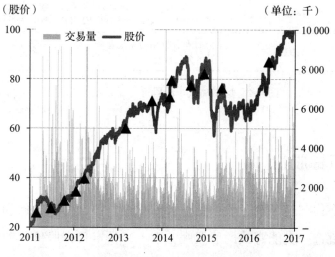

图 4-4　德尔福汽车的股价与交易量

▲日期	股价反映	事件
1/26/12	+4.6%	公布 2011 年第四季度收益，发布 2012 年管理层指引，均超过预期
5/24/12	+7.6%（2 天）	宣布收购 FCI 的机动车部门（MVL）
9/13/12	+3.5%	授权了 7 亿美元的股票回购计划
12/18/12	+10.3%（6 天）	纳入标普 500 指数，纳入前后的额外买入
2/26/13	+9.4%（2 天）	在投资者日，启动季度股息分红计划（1.8%），发布长期资本配置方案
2/4/14	+8.1%（7 天）	公布 2013 年第四季度收益（超过预期），确认 2014 财年业绩指引
9/9/14	−0.3%	宣布 CEO 罗德·奥尼尔将于 2015 年 3 月退休，由 CFO 凯文·克拉克接任
2/4/15	+7.9%（4 天）	公布 2014 年第四季度收益（超过预期），强势的股票回购计划，并发布 2015 财年业绩指引
2/19/15	−0.3%	宣布热力系统部门出售给马勒
7/30/15	+7.7%	宣布收购海尔曼太通
11/18/15	+8.4%（6 天）	在巴克莱汽车论坛上发言，概述了对强劲财年表现的预期
4/13/16	+6.6%（2 天）	举办投资者日，发布 2020 年目标收入复合增长率为 8%～10%，以及 18.5% 的 EBITDA 利润率目标
5/3/17	+10.9%	宣布分拆动力系统业务，新的专注于互联与自动驾驶的公司成立

图 4-4　德尔福汽车的股价与交易量（续）

设定目标股价

现在你已经了解了股票估值和催化剂，那么你该如何利用这些知识来挑选一支能赚钱的股票呢？下一步设定目标股价（PT）至关重要。这是你全面尽职调查和评估工作的结果。

你的目标股价是在你的投资主题实现时，你期望股票达到的价格。无论是买入、做空、跟踪还是放弃这只股票，目标股价都是最终投资决策的核心组成部分。没有它，你就不能正确地量化上涨潜力和风险与回报的取舍。

目标股价反映出已完成的市场估值法、内在价值估值法和杠杆收购分析的工作成果。其中包含了你的财务预测和关键的催化剂。在许多情况下，目标股价将以估值倍数为基础，比如，EV/EBITDA、P/E、P/FCF 或它们的某种组合，以最接近的可比公司作为主要参考点。

除了基础情景下的目标股价，通常你也会分析乐观情景和悲观情景下的目标股价。风险与回报的分析很简单。潜在的回报是用当前股价与你的基础情景目标股价之间的百分比差异来衡量的。乐观情景目标股价提供了进一步上涨潜力的视角。而你的风险反映在当前股价和悲观情景目标股价之间的百分比差异上。

我们对德尔福汽车的目标股价分析见表 4-9。我们将基础情景目标股价用 2013 年财务预测数据的 EV/EBITDA、P/E 和 P/FCF 倍数来表示。2013 年被选为估值时的参考年，因为它为汽车行业的复苏和德尔福汽车 IPO 后的战略奏效提供了充足的时间。换句话说，它反映了更多的"基准情景的业绩表现"。

与我们的投资主题一致，德尔福汽车应该与长期增长者可比公司的估值倍数一致，在基础情景中，我们假设德尔福汽车的估值倍数增长。对于基础情景中的 EBITDA、每股盈利和每股自由现金流，我们使用了第三步中所列出的财务预测（见表 3-6）。在表 4-2 中，我们使用了同样的预测来运行我们的现金流量贴现模型，它得出了大约 40 美元的隐含股价。这是一个有用的完善性检验。

就 P/E 估值而言，我们以 10 倍的 2013 年预期每股盈利 4.36 美元为基准，得到目标股价为 43.64 美元，较德尔福汽车 IPO 股价的涨幅为 98%。对于 EV/EBITDA 估值，我们使用 6 倍的 EV/EBITDA，以 2013 年预期 EBITDA 24 亿美元来计算，得到了 40.57 美元的目标股价。根据 2013 年预期每股自由现金流 3.26 美元来计算，8% 的自由现金流收益率意味着目标股价为 40.79 美元。

在乐观情景和悲观情景中，我们考虑了对财务表现和估值倍数假设的轻微调整。举例而言，在德尔福汽车乐观情景预测中，在美国和中国市场销量提升、利润率提高和股票回购规模增大的带动下，公司营业收入将更快增长。这将使得 2013 年预期每股盈利为 5.50 美元。将这一数值乘以 12 倍的预期估值倍数，得到目标股价为 66 美元，涨幅为 200%。

在悲观情景中，我们假设欧洲市场疲软、美国市场销量下降、中国市场增长放缓以及费用水平上升。这导致 2013 年预期每股盈利为 3.75 美元。对于估值倍数，我们假设它们将与德尔福汽车 IPO 时的水平持平，也就是说，与低端制造商类可比公司保持一致。对低增长、低盈利的德尔福汽车股票以 5 倍的 P/E 计算，得到目标股价为 18.75 美元，跌幅为 15%。

表 4-9   设定目标股价

德尔福汽车目标价格

（单位：百万美元，每股数据除外）

	基础情景	乐观情景	悲观情景
当前股价	22.00		
EV/EBITDA			
EBITDA（2013E）	2 433	2 676	1 824
目标估值倍数	6.0x	8.0x	3.5x
企业价值	14 596	21 407	6 386
减去：总债务	(2 173)	(2 173)	(2 173)
减去：少数股东权益	(462)	(462)	(462)
加上：现金	1 355	1 355	1 355
股权价值	13 316	20 127	5 106
稀释后股份数	328	328	328
目标股价	40.57	61.32	15.55
涨幅/（跌幅）vs. 当前股价	84%	179%	(29%)
年化收益	36%	67%	(16%)
P/E			
每股收益 (2013E)	4.36	5.50	3.75
目标估值倍数	10.0	12.0	5.0
目标股价	43.64	66.00	18.75
涨幅/（跌幅）vs. 当前股价	98%	200%	(15%)
年化收益	41%	73%	(8%)
自由现金流收益率			
每股自由现金流（2013E）	3.26	4.08	2.45
目标收益率	8%	5%	15%
目标股价	40.79	81.58	16.32
涨幅/（跌幅）vs. 当前股价	85%	271%	(26%)
年化收益	36%	93%	(14%)

关键点总结

- 在对一个公司进行估值前，你必须首先理解它的业务和背后的财务数据。

- 你的估值工作需要确定该股票在当前价格下是否具有吸引力。

- 即使一只股票出色地通过了商业和财务测试，也可能无法通过估值测试。

- 增长预期对估值至关重要——投资者往往会用更高的估值倍数来回报增长更快的公司。

- 虽然一家公司的估值可能看起来很有吸引力，但要小心行事——股价便宜往往是有原因的。

- 寻找能够通过更高的盈利能力和估值倍数扩张对股票进行有意义的重估的催化剂。

- 年复一年盈利复利增长的股票是传统选股者的主要收入来源。

- 最终，你必须通过估值工作得出一个扎实的目标股价，这是投资决策的基础。

第 5 章

第五步：投资决策与投资组合管理

是时候扣动扳机了？

你已经找到了一个有吸引力的投资机会，对其进行了深入研究，现在必须做出决定了——对这只股票是买入、卖空、跟踪还是放弃。但是，首先让我们来后退一步，回顾一下我们是如何到达这一步的。

在"第一步：寻找投资标的"中，我们提供了一个系统地寻找潜在投资机会的框架。你学到了如何根据估值、财务指标和各类公司事件（包括并购、分拆和资本回报）筛选投资机会。你还识别出了关键的宏观与长期主题，以及最有可能的受益者。

在"第二步：识别最佳机会"中，在我们的投资机会评估框架与投资研究记录模板的基础上，你对潜在投资机会的清单进行了精简。你学会了如何进行初步研究工作，关注于提炼投资主题、评估公司业务、理解管理团队质量、评估风险、分析公司的财务数据与市场估值。基于这些初步的工作，你要决定是否继续研究这个投资机会。

在"第三步：商业与财务尽职调查"中，你进行了深入的基本面研究。你对公司的商业模式建立了真正的理解，尤其是在其关键价值驱动因素与风险方面。在财务方面，你研究了公司的主要财务报表，理解了这家公司如何赚钱、如何增长以及如何花钱。简而言之，你对公司未来的发展表现有了自己的看法。

在"第四步：估值与催化剂"中，你判断出了公司的价值是多少。在公司自身与同行业公司相比的基础上，你也判断出了这家公司是便宜还是贵。可比公司法和现金流量贴现法构成了这项工作的核心，并视情况用收购估值法作为补充支撑。你还发现了推动股价重估的潜在催化剂。这项工作最终确定了一个目标股价。

现在，在"第五步：投资决策与投资组合管理"中，是时候做出最终的决定了。在买入或卖空的决定做出后，你的工作却不会因此而停止。之后，股票的头寸必须被持续监测，以防新变化或好或坏地改变了你的投资主题或目标股价。

如果这只股票今天不具有被买入或卖空的吸引力，它可以被归入跟踪类别。这些股票为未来的投资提供了储备。如果一家公司的估值或基本面发生了变化，或者某种特定的催化剂开始发挥重大作用，这些公司可以被重新审视。如果你决定放弃这只股票的投资机会，在理想情况下，这个决定是在前面的步骤中做出的。

单只股票的头寸也必须在更广阔的投资组合背景下进行管理。为此，在本章后半部分，我们将讨论基本的投资组合构建和风险管理技巧。构建投资组合意味着搭建出一个根据你的特定投资目标、策略和风险承受能力而量身定制的股票组合。

相应地，进行有效的风险管理需要为你的投资组合设定适当的风险与回报的平衡。要特别注意头寸规模、投资主题、行业集中度、地域集中度和杠杆水平。你还需要管理汇率、大宗商品和利率等宏观因素的风险敞口。主要的风险管理工具包括风险敞口上限、止损、获利了结以及对冲和压力测试。

做出投资决策

你的尽职调查和估值工作已经完成。现在，你需要做出决策了。这需要你对新获得的技能充满信心，并有勇气付诸行动。一个优秀的投资者必须具备长期坚持做出正确决策的能力。

买入

你已经跟随我们的脚步走了这么远，并对一只股票拥有了充足的信心。而对一只股票拥有充足的信心，需要对其业务、财务状况和估值都具有信心。这也意味着，你相信以今天的股价买入是具有吸引力的。这些都体现在了我们对德尔福汽车在其 IPO 时的评估之中——即以周期性的价格拥有了长期增长性标的，这表明了明确的买入结论。

不要落入"好公司、坏股票"的陷阱。一家伟大的公司可能因为过高溢价和错误择时而成为糟糕的投资标的。微软公认是有史以来最成功的公司之一，在 2019 年底市值超过 1.2 万亿美元。然而，它总是一个好的投资标的吗？正如在第 1 章中所讨论的，在 1999

年末股价达到 40 美元的峰值后，微软用了近 15 年的时间才突破了这个上限。

如第四步所述，在进行投资前设定好目标股价是常用的最佳做法。它有助于建立纪律、在决策过程中消除情绪带来的影响。成功的投资者事先就会了解他们所持有头寸的参数，并做好准备随形势变化及时退出。

卖空

你已经得出结论：这只股票不能买入。但这只股票能卖空吗？做出卖空决策需要具备和做出买入决策时同样程度的尽职调查、研究和信念。具有讽刺意味的是，在寻求做多的投资机会时，有可能你会发现完全相反的投资机会。

卖空股票的主要原因是投资者相信股票价格会下跌。在卖空机制中，首先要借入股票（由证券经纪商协助），然后在公开市场上出售。就像任何借来的东西一样，你最终是要归还股票的。卖空主要是因为在未来能够以较低的价格买回股票。因此，你可以从今天以给定价格卖出股票和以后以较低价格买回股票之间的差价中获利。

在尽职调查中，你可能会发现该公司或其同行正在丢失市场份额。或者，你可能发现了对公司商业模式的长期挑战，比如定价权的变化或低成本的新兴技术。你甚至可能发现一个基本面较差的同行，其盈利预期高得离谱，却在溢价交易。像路易斯·巴斯德[一]

[一] 路易斯·巴斯德，法国微生物学家、化学家，主要成就包括发明巴氏杀菌法、研制出狂犬疫苗和炭疽病疫苗等，是微生物学的奠基人。巴斯德在调查鸡霍乱时，偶然发现与空气接触的旧培养菌的毒性会变弱，进而发明了炭疽病疫苗。——译者注

（Louis Pasteur）一样，你可能会在寻找其他东西时偶然得到不可思议的发现。

一般来说，卖空的候选股票来自几个常见的类别。这些类别既包括外部因素，如产品被替代或淘汰、结构性压力、消费者偏好变化、周期性峰值和监管变化，还包括自身造成的创伤，最主要为会计违规、管理不善、杠杆过高的资产负债表和失误的并购。常见的危险信号包括管理层的突然更替、公司内部人士异乎寻常地大规模出售股票，或迅速进行一连串收购。

经典的产品淘汰案例包括从印刷到数字媒体的转变，电子商务取代实体零售店，移动设备取代传统相机。勤奋的卖空者还因揭露安然、爱迪生太阳能、泰科和世通等公司的会计不当行为而获得了回报。

许多投资者在战术上进行卖空。这可能是对冲策略的一部分，也可能是在发现明显的卖空机会时有选择性地卖空。但很少有投资专业人士一直把卖空作为主要策略来赚钱。这是为什么呢？自1929 年以来，标普 500 指数产生了 11% 的年化回报（包括股息再投资）。因为市场以拥有显著做多偏好的机构投资者为根基，卖空交易本身的概率也对你不利。简单来说，相比于下跌时，股票上涨时的受益者会更多。在这种情况下，要想成功，你需要高超的技艺和有选择的出击。

此外，错误卖空带来的潜在损失是没有上限的。对于多头而言，如果你以每股 25 美元的价格买入了一只股票，而这家公司破产了，你的总潜在损失上限为 25 美元。然而，如果你卖空一只股票，理论上股价上涨没有上限，意味着你的潜在损失是没有上限的。

跟踪

有些股票可能符合你的商业和财务标准，但无法通过估值测试。它们是高质量的公司，但目前的价格并不便宜。其他股票可能很便宜，但目前从商业或财务角度来看并不是很有吸引力。然而，你看到了它们进行提升、成为长期赢家的潜力。

这类投资机会应该被放入到"跟踪"的类别。如表 5-1 所示，我们的跟踪列表模板列出了这些股票的相关估值倍数和其他财务指标。最重要的是，这里有一列"目标股价"。就如在第四步中所述，这个目标股价反映出你对这只股票进行的典型估值工作。当跟踪列表上股票的交易价格与你的目标价格相比有大幅折价时（比如，12 个月以内 25% 以上的折价），你应该准备好重新审视这只股票。

理想情况下，你一直在关注公司，并在持续跟踪最新的业务和行业趋势。在股价大幅下跌的情况下，你需要确信股价下跌是没有根据的，最初的投资主题并没有改变。或者，公司的前景可能会改善，从而使你提升了目标股价。这将为你提供充足的上涨空间，能够让你重新考虑对这只股票的投资。

通过对每个投资机会的回顾，你正在建立一个潜在核心头寸的数据库。在某些情况下，你可能会跟踪一只股票好几年，直到它变得有吸引力。从大衰退的深渊中走出来后，一些投资者能够以极低的价格购买他们觊觎多年的高质量企业。经过时间考验的价值投资策略专注于储备高质量的投资机会，然后择机买入。

表 5-1 跟踪列表——潜在投资机会

跟踪列表						EV/EBITDA			P/E			自由现金流收益率 2012 年 3 月 1 日数据		
公司	股票代码	当前股价（美元）	目标股价（美元）	上涨空间	债务/EBTIDA	2012E	2013E	2014E	2012E	2013E	2014E	2012E	2013E	2014E
亚马逊	AMZN	180.04	225.00	25%	0.7x	25.4x	18.1x	13.5x	64x	44x	33x	3.6%	4.8%	6.5%
塞拉尼斯	CE	48.41	55.00	14%	2.8x	9.1x	8.5x	8.1x	11x	10x	9x	4.5%	7.6%	8.2%
查特通讯	CHTR	63.24	85.00	34%	4.7x	7.4x	7.0x	6.6x	NM	NM	16x	7.4%	11.1%	15.8%
丹纳赫	DHR	52.88	55.00	4%	1.4x	10.7x	9.7x	8.8x	16x	14x	12x	7.4%	8.2%	8.8%
谷歌	GOOG	622.40	750.00	21%	0.2x	19.4x	16.4x	14.1x	15x	13x	11x	6.3%	7.4%	8.5%
伊利诺伊工具	ITW	55.88	60.00	7%	1.1x	8.3x	7.9x	7.5x	13x	12x	11x	7.4%	8.1%	8.8%
万事达卡	MA	420.43	500.00	19%	0.0x	11.6x	10.1x	8.8x	19x	17x	14x	5.1%	6.5%	7.5%
普利斯林	PCLN	637.32	675.00	6%	0.3x	16.7x	13.0x	10.5x	24x	18x	16x	4.8%	5.8%	6.7%
罗克伍德	ROC	54.00	67.50	25%	1.9x	6.6x	6.1x	5.8x	12x	10x	9x	7.1%	9.9%	11.3%
美国宣威	SHW	103.56	115.00	11%	0.9x	11.3x	10.6x	10.0x	18x	16x	15x	5.1%	6.1%	6.7%
天狼星电台	SIRI	2.23	3.00	35%	2.6x	14.7x	12.9x	12.1x	NM	28x	28x	4.6%	6.5%	8.7%
时代华纳	TWX	37.46	47.50	27%	2.9x	8.2x	7.7x	7.3x	11x	10x	8x	8.0%	10.5%	12.4%

放弃

"放弃"这一类别很直白。这是一只你不想和它有任何关系的股票。无论买入、卖空或作为未来的投资，它都不具有吸引力。随着时间推移，对于放弃的股票有些你会庆幸，有些则会后悔。对于后一类，希望你能对当时的理由感到满意，即你遵循了我们书中的步骤，并且有条理地进行了分析。最后，你只是决定这只股票不适合你。遵守纪律是一种美德——你并不想把投资机会强行加入到投资组合中。

理想情况下，你在投资流程的早期就做出了放弃投资这只股票的决定。在最终阶段做出放弃决定所花费的时间具有很高的机会成本。如果这个投资想法留存到现在，新获得的知识可以应用到未来的投资机会中。随着不断地研究新行业和新公司，你也在不断地学习。

监控投资

你的工作并不因为建仓就停止。你必须密切关注你的股票，并准备调整你的思维。新的进展可能会改变最初的投资主题，有时改变是瞬间发生的。

监控你的头寸需要不断反思、分析和综合可能影响公司业务的公司特定事件和宏观事件。你的尽职调查永不停止。你应该经常检查和重新检验你的投资主题。对事先识别出的风险保持警觉。

日常投资监控的重点是关注特定公司和行业的新闻与研究报告，以及相关经济数据。以季度为基础，你要仔细分析盈利报告和公司提交给美国证券交易委员会（SEC）的文件，以及一并而来的投资者简报或演示文档（如果公司提供）。许多投资专业人士还会与公司投资者关系（IR）部门或管理层保持联系。日常投资监控的工作还包括参加被投资公司及其同行参与的行业会议。

与客户和供应商的交流也能提供对行业动态和趋势的洞见。这类尽职调查工作有助于你把握对关键价值驱动因素和竞争格局的健康脉搏。同样的监控水平也适用于跟踪列表中的股票，这样你就可以在合适的时机出手。

我们也知道，如果你不是全职的投资专业人士，在时间和资源的限制下，上述一些工作可能比较有挑战性。但是，如果你打算认真对待股票投资，就必须全身心投入。我们可以提供技术诀窍，但你必须将其加以实践。我们建议你每天分出一段时间来做股票投资组合的管理与监控工作。至少，你应每天阅读财经新闻，并为你关注的股票设置提醒（例如，谷歌提醒）。

季度盈利公告

审阅和解读季度盈利公告是投资监控的关键部分。每个季度，美国上市公司都会提供完整的财务更新以及对前三个月和年初至今财务表现的评述，还一并提供 10-Q 或 10-K 表格，并举行公开的电话会议⊖。公司管理层也会利用这个机会，为投资者提供管理层的盈利指引与有关公司前景、关键战略计划和行业趋势的最新情况。

你在公司盈利公告方面的工作重点是，将公司季度和年初至今

⊖ 这些季度电话会的时间和接入密码均在公司的网站上提供。这些电话会也通常被做成网络播客，可以重放，并由各种金融信息服务商转录成文字。

的业绩表现与前一年的表现、卖方分析师的一致预期和你自己的估计进行比较。对于一些公司来说，季度连续趋势也可以提供信息，特别是那些季节性波动较弱的公司。同样重要的是，你应该跟踪之前的季度走势，这可能会揭示有意义的趋势。

参加业绩电话会，然后回顾会议文字记录以及随后的卖方研究报告。注意管理层评论的内容和语气，尤其是关键的业绩驱动因素。每只股票都有其投资者关注的热点。对一些股票来说，热点可能是收入增长，而对另一些股票来说，则是利润率。无论如何，对未来的展望和管理层指引才是最重要的。如果一家公司的销售收入或每股盈利高于预期，却因管理层指引没有吸引力而导致股价下跌，发现这种情况时，不要感到惊讶。

你还应该花一些时间阅读 10-Q 或 10-K 表格，特别是着重阅读本季度的管理层讨论与分析部分。财务报表的附注也提供了不少信息。投资专业人士通常会寻求与公司投资者关系部门或管理层进行后续电话沟通，以弄清哪些关键领域表现突出或不突出。这个电话也被用来检验财务模型的假设。

在表 5-2 和表 5-3 中，我们提供了利润表和现金流量表项目的季度和年度盈利比较模板。如果相关数据已经披露了，你的比较表中还可以包括公司和行业的特定经营指标，以及公司各业务部门的财务数据。

我们下面的盈利比较模板使用的是德尔福汽车截至 2011 年 12 月 31 日的第四季度财务信息，这是该公司上市后首次发布的盈利报告。年度盈利比较模板参考了德尔福汽车截至 2011 年 12 月 31 日的全年财务信息。

表 5-2　季度盈利比较模板

（单位：百万美元，每股数据除外）

2011 年第四季度盈利总结							
	2011 年第四季度财报	2010 年第四季度财报	与 2010 年第四季度数值差异	与 2010 年第四季度百分比差异	好于／坏于	一致预期	我的估计
利润表							
收入	3 900	3 652	248	6.8%	好于	3 879	3 898
毛利	679	606	73	12.0%	好于	581	550
毛利率	17.4%	16.6%	0.8%	4.9%	好于	15.0%	14.1%
EBITDA	530	342	188	55.0%	好于	419	435
EBITDA 利润率	13.6%	9.4%	4.2%	45.1%	好于	10.8%	11.2%
净利润	290	75	215	286.7%	好于	179	217
净利润率	7.4%	2.1%	5.4%	262.1%	好于	4.6%	5.6%
稀释后股份[①]（百万股）	328	328	—	—	持平	328	328
每股盈利	0.88	0.23	0.65	286.7%	好于	0.54	0.66
现金流量表							
经营活动现金流	468	287	181	63.1%	坏于	487	456
减去：资本开支	176	219	(43)	(19.6%)	好于	187	175
占销售收入比例	4.5%	6.0%	(1.5%)	(24.7%)	好于	4.8%	4.5%
自由现金流	292	68	224	NM	坏于	301	281
每股自由现金流	0.89	0.21	0.68	NM	坏于	0.92	0.86
资本回报							
股票回购	109	0	109	—	坏于	136	100
红利	93	2	91	NM	好于	55	0
总资本回报	202	2	200	NM	好于	175	100
占市值百分比	2.9%	0.0%				2.5%	1.4%

①为进行对比，调整至 IPO 时的实际流通股数。2010 年第四季度每股盈利为 0.11 美元。

表 5-3　年度盈利比较模板

（单位：百万美元，每股数据除外）

2011 财年盈利总结							
	2011 财年	2010 财年	与 2010 财年数值差异	与 2010 财年百分比差异	好于 / 坏于	一致预期	我的估计
利润表							
收入	16 041	13 817	2 224	16.1%	好于	16 020	16 039
毛利	2 655	2 049	606	29.6%	好于	2 633	2 526
毛利率	16.6%	14.8%	1.7%	11.6%	好于	16.4%	15.7%
EBITDA	2 119	1 633	486	29.8%	好于	2 011	2 044
EBITDA 利润率	13.2%	11.8%	1.4%	11.8%	好于	12.6%	12.7%
净利润	1 145	631	514	81.5%	好于	1 035	1 072
净利润率	7.1%	4.6%	2.6%	56.3%	好于	6.5%	6.7%
稀释后股份[①]	328	328	—	—	持平	328	328
每股盈利	3.49	1.92	1.57	81.5%	好于	3.15	3.27
现金流量表							
经营活动现金流	1 377	1 142	235	20.6%	坏于	1 392	1 356
减去：资本开支	630	500	130	26.0%	好于	641	629
占销售收入比例	3.9%	3.6%	0.3%	8.5%	好于	4.0%	3.9%
自由现金流	747	642	105	16.4%	坏于	752	727
每股自由现金流	2.28	1.96	0.32	16.4%	坏于	2.29	2.21
资本回报							
股票回购	4 747	0	4 747	—	坏于	4 763	4 738
红利	93	27	66	244.4%	好于	78	0
总资本回报	4 840	27	4 813	NM	好于	4 818	4 738
占市值百分比	68.5%	0.4%				59.6%	67.0%

　　①为进行对比，调整至 IPO 时的实际流通股数。2011 年与 2010 年每股盈利分别是 2.72 美元与 0.92 美元。

在 2011 年第四季度，德尔福汽车销售收入为 39 亿美元（同比增长 6.8%），EBITDA 为 5.3 亿美元（同比增长 55%），每股盈利为 0.88 美元（同比增长约 287%），轻松超过一致预测。一同发布的年度业绩公告中，德尔福汽车 2011 财年的销售收入为约 160 亿美元（同比增长约 16%），EBITDA 为约 21 亿美元（同比增长约 30%），每股盈利为 3.49 美元（同比增长约 82%）。这些动态增长率反映出德尔福汽车的产量从接近谷底的水平反弹，成本削减举措带来提升，以及经营杠杆的效益。在摆脱破产大约两年后，新德尔福汽车的业绩清楚地反映出了公司引人注目的转型变化。

从资产负债表的关键指标中也有迹可循。正如表 5-4 中，德尔福汽车的总负债水平从 2010 年底的 0.2 倍 EBITDA 增长至 2011 年底的 1 倍 EBITDA。这主要是因为，为了回购通用汽车所持有的 43 亿美元公司股权，公司举借了新债务。从净负债来看，考虑到其所持有的大量现金，德尔福汽车的净负债水平仍为 0.3 倍 EBITDA。公司 17.2 倍的利息覆盖倍数（经资本开支调整后为 12.1 倍）非常健康。对于以净营运资本占销售收入之比来衡量的营运资本强度，德尔福汽车的这一指标从 2.5% 小幅增至 3.3%，这对一个快速增长的公司来说并不罕见。总而言之，德尔福汽车的资产负债表良好。

表 5-4 资产负债表对比模板

（单位：百万美元）

2011 财年资产负债表数据	2011 财年	2010 财年	与 2010 年数值差异	与 2010 年百分比差异
资本结构				
财务数据				
EBITDA	2 119	1 633	486	29.8%
利息费用	123	30	93	NM
资本开支	630	500	130	26.0%
债务余额				
现金	1 372	3 266	(1 894)	NM
有担保债务	1 103	242	861	NM
总债务	2 103	289	1 814	NM
净债务	731	(2 977)	3 708	NM
信用指标				
EBITDA/ 利息费用	17.2x	54.4x	NM	
（EBITDA-资本开支）/ 利息费用	12.1x	37.8x	NM	
有担保债务 /EBITDA	0.5x	0.1x	0.4x	
总债务 /EBITDA	1.0x	0.2x	0.8x	
净债务 /EBITDA	0.3x	(1.8x)	2.2x	
营运资本				
流动资产				
应收账款	2 459	2 307	152	6.6%
存货	1 054	988	66	6.7%
其他流动资产	616	555	61	11.0%
总流动资产	4 129	3 850	279	7.2%
流动负债				
应付账款	2 397	2 236	161	7.2%
递延负债	1 208	1 265	(57)	(4.5%)
总流动负债	3 605	3 501	104	3.0%
净营运资本	524	349	175	50.1%
营运资本比率				
营运资本占销售收入比例	3.3%	2.5%	0.7%	29.3%
应收账款周转天数（DSO）	56	61	(5)	(8.2%)
存货周转天数（DIH）	29	31	(2)	(6.2%)
应付账款周转天数（DPO）	65	69	(4)	(5.8%)

投资组合构建

到目前为止，我们一直专注于寻找股票中的赢家。然而，每一个单独的头寸都需要在更大的投资组合背景下进行考虑。一个大的头寸应该反映出其在风险与回报方面与其他股票相比的相对排名。头寸也应反映出对催化剂的择时考虑。简言之，你确信程度最高的股票应该在投资组合中占到最大的头寸。与此同时，也要顾及整体投资策略、投资目标和风险承受度。

创建一个成功的投资组合需要关注风险敞口水平。其中最重要的是个股头寸规模，它决定了你在一只股票上能获利多少（或损失多少）。你还需要注意间接的风险敞口。这些因素可能包括特定的行业、地域、投资主题、汇率、大宗商品、利率和杠杆。因此，你在进行投资组合构建的初步工作时，必须确保你没有下意识地对大宗商品或汇率的走势进行押注。

在某些情况下，你可能会对集中的风险敞口水平感到放心。常见的例子包括超配特定的股票、行业或地域。同样地，如果你认为在可预见的未来中，周期性的股票将表现出色，你可能会放心地超配增持这类投资主题的股票。

下面，我们将讨论投资组合构建中的关键考量因素。

投资组合构建考量因素
■ 投资目标
■ 风险承受度
■ 头寸规模
■ 行业与地理区域
■ 投资主题
■ 汇率
■ 大宗商品
■ 利率
■ 杠杆率

图 5-1　投资组合构建考量因素

投资目标

在一开始就设定明确的投资目标是构建投资组合的关键。首先，让我们来关注投资回报目标。你的目标是最大化绝对回报、还是跑赢标准普尔 500 指数或明晟世界指数（MSCI World Index）[一]？你关注的是两位数的年化回报、经风险调整后的绝对回报、获取现金回报还是资本保值？无论具体的目标是什么，你的投资组合构建需要与投资目标保持一致。

这些目标也应反映你的投资期限。你是主要进行 3～5 年甚至更久的长期投资吗？如果是这样，你或许有能力经受住短期的下跌。或者，你是否受制于更频繁的月度或季度赎回需求？在这种情况下，你需要避开波动性大或流动性差的股票。对于个人投资者来说，个人的流动性要求、退休时间表以及回报率目标有助于确定投资期限。如果你管理的是外部资金，并且受到定期报告和赎回的影响，情况就会变得更加复杂。

风险承受度

风险承受度与你的投资目标直接相关联。收益型策略或保本型策略的风险自然比投资回报最大化型策略的风险要低。

你也必须对自己诚实。比如，投资集中度高的长期投资组合可能会经受各方向的剧烈波动。你的性格和信念水平是执行这种策略的关键。这种策略还需要耐心的资本，借此在市场波动期间稳住。

㊀ 截至 2019 年，明晟世界指数由 23 个发达市场经济主体的股票组成，约占每个经济主体自由流通市值的 85%。

正如英国经济学家约翰·梅纳德·凯恩斯的名言："市场保持非理性的时间可能比你保持清偿能力的时间更长。"

稳健的投资组合构建也需要你考虑到特定头寸的波动性，或者说，贝塔值。一只小市值的生物科技公司股票总是比一只蓝筹必选消费品股票的贝塔值要高。所以，如果你无法承受一个头寸可能的大幅下跌（或回撤），你就需要尽可能减少对高贝塔值、高波动性股票的敞口。如果你的一个头寸确实经历了大幅回撤，一定要保持头脑冷静，不要恐慌。波动可能会创造机会。

头寸规模

确定头寸规模的方法因投资者而异。一些投资者认为，集中头寸是推动超额回报的关键。如果你有一些非常坚定的投资想法，按这个思路来说，支持这些想法就是有意义的。艾布拉姆斯资本的大卫·艾布拉姆斯和 Baupost 集团的赛斯·卡拉曼（Seth Klarman）是这一思路的支持者。然而，其他人则认为投资组合应更广泛地分散化投资。

无论你的投资组合是集中投资还是分散投资，决定头寸规模的方法应该是衡量每个头寸相对于其他头寸的优势。如果你没有正确把握头寸规模，你就有可能危及你的投资组合或失去有价值的上涨空间。

那么，你该如何决定所挑选股票的头寸规模呢？头寸的规模应该是 5%、10% 还是 1% 的"研究"仓位？目前你对这只股票的信心水平是多少？是否有即将出现的催化剂可以推动股价大幅上涨？与你的其他投资想法相比，这只股票的风险与回报的情况如何？在第四步中所做的设定目标股价的工作在对你的头寸和头寸规模进行相应的强制排序时是必不可少的。这使得你能够构建一个"最佳投资机会拥有最大权重"的投资组合。

从战术角度来看，你可能想留些空仓，或多余的未投资资金，以便在市场或公司出现波动时，有机会评估这些投资机会。提前最大化你的头寸可能意味着失去在未来逢低买进的能力，特别是在市场恐慌的时候。随着时间推移逐步建立头寸，可以让你在对投资主题有信心的时候"扩大"你对某只股票的投资。

另外，你也有可能在一开始就设定了最大的头寸。这需要对这只股票拥有高度的信心并且买入价格具有吸引力，或者由于急迫的催化剂有时间敏感性而必须尽快建仓。

行业与地理区域

与单个头寸的规模一样，许多投资者都有针对特定行业和地区的最大风险敞口的规定。例如，你可以将自己在科技行业的投资敞口限制在不超过资金的 20%。或者，你可以为自己在欧洲区域的投资敞口设置上限。

你还需要注意集中头寸与投资组合其他部分之间的相关性。如果你最大的头寸是汽车整车制造商，你可能需要限制在投资组合其他部分中对汽车行业的敞口。这样，即使经济或汽车行业周期突然下滑也不会彻底抹掉你的回报。不要误解我们的意思——如果你对某一特定行业或地域有强烈的信心，超配该部分的股票没有问题。只是需要注意风险并相应地管理好它们。

总是不停地有案例出现来提示关于投资过度集中的危害。在

2014 年末和 2015 年，随着油价的急剧下跌，那些大举投资能源股的投资者遭受了沉重打击。其他标志性风险敞口过度的例子包括 20 世纪 90 年代末的互联网股，2008 年的银行股，2011 年的欧洲股，2015 年的专业制药股以及 2017 年的零售股。

投资主题

投资主题是指围绕着特定公司战略或特点的投资想法。例如，你的研究可能表明，在有吸引力的融资环境和市场支持的情况下，并购平台类公司可能会有更好的表现。其他投资主题可能是业绩反转、价值股、成长股、盈利复利增长或在预期低谷时的周期性走势。

与行业和地域一样，过度集中于某一特定投资主题可能是危险的。就并购战略而言，债券市场的崩溃可能会在一夜之间让这个策略失效。类似地，对于一个关注周期性低谷的策略，你选择投资的时机最好是正确的。

一旦某些投资主题变得流行起来，就会吸引到一大群人。热钱来来去去都很快。因此，尽管这些股票最初具有投资价值，但当形势变坏时，它们极易受到影响。其中的问题是由公司自身还是市场造成的并不重要。信心不足的投资者会纷纷退出。当情况不妙时，你不会想成为最后一个坚持的人。

汇率

汇率敞口是地域敞口的近亲。对于拥有大量国际销售收入的公司股票投资组合，汇率波动可能对公司盈利和股票表现产生重大影响。例如，欧元的急剧下跌可能会极大地影响一家大部分盈利来自欧洲的美国公司股票。这就是所谓的外汇折算风险。

一个典型的例子发生在 2014 年 3 月至 2015 年 3 月期间，当时欧元兑美元汇率从 1.40 跌至 1.05，贬值了 25%。因此，如果一家在美国注册的公司有 50% 的利润来自欧洲，那么该公司公布的同期美元财务业绩仅因外汇折算就会下降 12.5%。

在公司个体层面，必须预先识别和分析这种风险。你需要了解在多种情况下，汇率波动如何影响公司和股票表现。然后，将这种分析扩展到投资组合层面，在这个层面上，对汇率风险的集中度可能隐藏在多个公司之中。

大宗商品

"大宗商品"类股票本质上具有更高的周期性和波动性。尽管"超级周期"或"这次不一样"的想法可能很诱人，但你必须对大宗商品周期给予应有的重视。例如，石油、树脂、铜或钢铁价格的突然变化可能会摧毁一个在此领域风险敞口过高的投资组合。

大宗商品的戏剧性走势会产生明显的赢家和输家。油价的急剧下跌损害了石油生产商的利润，但有助于航空和货车运输业。同样，钢铁价格上涨可能有利于钢厂，但会损害产品以钢铁为原料的制造商。除了限制头寸规模外，这种风险敞口还可以通过对冲来减轻。

利率

投资组合对利率变动的敞口也应进行管理。正如大衰退后时代所见证的那样，低利率可以在各个领域提供巨大利好。与储蓄相比，消费者在边际上更有动力去消费。同样的道理也适用于那些有能力以低利率借款获得资金来支持业务发展资本开支、进行收购和提升资本回报的公司。

相反，以利率上升为特征的紧缩货币政策可能带来利空，尤其是在经济没有增长的情况下。高股息收益率股票以及拥有大量浮动利率债务的高杠杆公司尤其易受到影响。依赖于债务融资的业绩增长、股票回购或并购的投资故事也会受到影响。超配这些股票的投资组合需要高超的觉知和智慧。你必须做好准备，在面对有关潜在利率变动的新信息时果断采取行动。

杠杆率

杠杆是一把双刃剑。适当的杠杆水平可以成为创造股东价值的有力工具。廉价的债务融资助力内生有机增长、增厚型并购和向股东返还资本。

然而，在无论是宏观因素导致的、还是公司自身因素导致的困难时期，沉重的债务负担都可能是破坏性的，甚至是致命的。许多在大衰退时期负债累累的公司都破产了。事实证明，现金流暴跌和无法为即将到期债务进行再融资的公司是难以存活的。其他公司幸存了下来，但其所有者权益受到了严重损害，需要数年时间才能恢复（如果能恢复的话）。

让我们来看看特许通讯公司（CHTR）的例子。到 2008 年底，特许通讯公司在经历了多年以债务推动的收购狂潮后，其杠杆率达到了近 10 倍。随之而来的高额利息支出，加上大额的资本开支需求，是具有毁灭性的。其净资本开支调整后的利息覆盖倍数低于1倍，这意味着公司没有足够的现金来支付利息。此外，当资本市场在大衰退期间枯竭时，公司无法为到期债务进行再融资。2009年1月，特许通讯公司未能支付利息，申请破产。

在2009年11月摆脱破产后，特许通讯公司的信用状况得到了显著改善。杠杆率降至5.5倍，并且公司建立了进一步去杠杆的可靠途径。特许通讯公司是"好公司，坏资产负债表"的经典案例。考虑到2008年底和2009年初资本市场的灾难性状态，它也是糟糕时机的受害者。在一个更具建设性的环境中，进行再融资的机会得以改善。

你既需要监控个股，也需要监控整个投资组合的杠杆水平。如果你的投资组合的平均杠杆率是4倍，而市场均值是2倍，那么经济下行很可能会对你的投资组合表现产生过大的负面影响。

投资组合小结

投资组合构建与投资组合风险管理密切相关。你需要在构建组合时勤奋工作，才有可能在投资组合构建完成之后拥有保护自己的能力。在表5-5中，上面的表格显示了重仓前10位股票的头寸规模及其杠杆率。比如，头寸规模最大的1号仓位的杠杆率也相对较高，为2.8倍。从第2号到第10号仓位，你可以根据该表，进行同样的分析。

在表5-5的右上方，投资组合中的股票按市值和流动性进行划分。投资组合中超过40%是市值超过250亿美元的股票。只有5%的公司市值低于10亿美元。就流动性而言，整个投资组合可以在

25 天或更短的时间内被卖出。在这一组合中，75% 的仓位只需要 5
天甚至更短的时间就可退出。

按行业来看，最大的仓位在通信、可选消费和科技行业。按地
域来看，美国占投资组合的 68%。不过，考虑到美国公司对欧元、
英镑和日元等货币的敞口，美元的敞口略低，为 65%。

在对表 5-5 中这个示例性的组合进行盘点后，我们有了一些关
键发现。首先，它的持仓相对集中，前 10 名的头寸占到了总持仓的
60%。为应对高持仓集中度风险，它所投资的行业是多样化的，并
且流动性也很高。其次，虽然整体投资组合的杠杆率适度，但某些
头寸的杠杆率较高。此外还有相对大的汇率敞口。识别出这些潜在
的投资组合风险点后，你可以提前进行调整或实施对冲来保护自己。

表 5-5　投资组合概览模板

投资组合小结						
头寸		杠杆率		市值		
证券名称	%	债务 / EBITDA	高 / 低	规模		%
头寸 1	10%	2.8	高	>250 亿美元		40%
头寸 2	8%	4.7	高	100 亿～250 亿美元		25%
头寸 3	7%	1.4	低	50 亿～100 亿美元		20%
头寸 4	6%	1.1	低	10 亿～50 亿美元		10%
头寸 5	6%	0.0	低	<10 亿美元		5%
头寸 6	6%	0.3	低	流动性		
头寸 7	5%	1.9	低	退出时间		%
头寸 8	5%	0.9	低	<1 天		20%
头寸 9	4%	2.6	高	<5 天		75%
头寸 10	3%	2.9	高	<10 天		85%
其他	40%	2.0	低	<25 天		100%
总计 / 平均值	100%	1.9	低	>25 天		—

（续）

投资组合小结					
行业		地域		汇率敞口	
行业	%	地域	%	汇率敞口	%
通信	20%	美国	68%	美元	65%
可选消费	20%	加拿大	2%	加拿大元	2%
能源	—	欧洲	18%	欧元	13%
金融	5%	亚太	10%	英镑	8%
医疗	2%	拉丁美洲	2%	瑞士法郎	—
工业	15%	澳大利亚	—	澳元	—
材料	8%	非洲	—	人民币	—
必选消费	10%	中东	—	日元	5%
科技	20%	俄罗斯	—	港币	5%
公用事业	—	其他	—	墨西哥比索	2%
总计	100%	总计	100%	总计	100%

投资组合与风险管理

正如卡拉曼在 2012 年终致投资者信中指出的那样："我们一直担心每项投资和整个投资组合会出现什么问题；对我们来说，规避和管理风险是一个日夜不停的执念。"下面我们将为你提供将此付诸实践的关键工具。

风险管理必须在股票和投资组合两个层面上进行。正如每个头寸都必须被监控一样，你的整个股票组合也必须被监控。这涉及对投资组合的整体评估，以及量化下行风险的能力。自律的投资者会制定风险准则，来优化他们的投资组合，防止损失。

由于基金和策略种类繁多，风险管理的方法也相应不同。在风险管理中，需要考虑多种因素，包括目标回报、风险偏好、基金规模、投资者构成、资本稳定性、流动性和预期持有期。

有效风险管理的第一步是确定投资组合的主要风险点。你无法衡量和减轻你没有看到或不理解的东西。如表 5-5 所示，这些风险敞口可能与特定的行业、地域或汇率有关。你还需准备好量化多种情况下的下行风险。

理想情况下，关键风险在初始投资组合构建阶段就被识别出来了，并同时制定了风险管理策略。这意味着建立一个具有明确行动阈值的早期预警系统。例如，如果投资主题是基于并购策略的，你就需要特别注意融资市场枯竭的情况。同样，如果你的投资组合有着大量能源类敞口，你需要在你对油价的看法发生变化时，迅速果断地采取行动。

因此，虽然成功的投资需要有投资框架和纪律，但它也需要灵活性。在一个动态的、不断发展的市场中，随着新信息的出现，适应和重新评估你的投资组合是至关重要的。固执地忠于旧观点或设定界限可能会危及你的业绩表现。

如果风险识别是有效风险管理的第一步，那么利用技术来降低这些风险是第二步（见图 5-2）。

投资组合与风险管理工具

- 风险敞口上限
- 止损
- 获利了结
- 重新平衡
- 对冲
- 压力测试
- 业绩评估

图 5-2　投资组合与风险管理工具

风险敞口上限

或许管理风险最简单的方法是对头寸金额或占比设定限制。这种风险敞口可能与单只股票有关，也可能按行业、地域或投资主题进行汇总。一些投资者对头寸规模有严格的规定，比如，投资组合中单只股票的投资上限为10%，或者某一行业的投资上限为20%。另一些投资者则更为灵活，在充分认识风险时，有空间对最好的投资机会来进行超额押注。

根据沃顿商学院和布斯商学院的教授在2012年的一项研究[⊖]，大概45%的对冲基金对每个头寸对应资产的绝对价值或所占比例制定了指导方针。其余55%的基金则没有限制。显然，许多投资者通过常识和持续的警惕来管理集中度风险，而并非依靠严格的准则。

止损

如果选择投资某一只股票之后，该股票并没有如预期一样发展，你应该有机制来进行止损。止损的形式为制定股价下跌的阈值，比如下跌10%或15%，一旦下跌幅度超过该阈值，将需要你重新审视你的投资主题，以验证一切都没有改变。你在悲观情景下所预测的目标股价在设定下跌阈值时能够提供参考信息（请参见第4章）。它会帮助你避免落入让最初的成本基础影响你未来决定的陷阱。市场并不关心你最初为某只股票支付了多少钱……

股票投资者享有参与强流动性市场的优势，在这个市场上，公

⊖ Cassar, G., Gerakos, J., 2012. How do hedge funds manage portfolio risk?

开交易的股票可以在今天买进，明天卖出。虽然这有明显的好处，但不要因此而产生虚假的安全感。正如上文所提到的 10% 或 15% 下跌的止损准则可以帮助投资者设定纪律，让他们再次确认自己对某只股票的观点是否依然正确。上述止损准则可能会受到各种考验，比如公司的盈利远不及预期、管理层负向修订盈利指引或者其他的挑战。

如果某一头寸股价的走势对你不利，你的确信程度将受到挑战。对于任何投资者来说，这都是一个艰难的时刻。有价值的股票也可能因为新披露的数据而被市场抛售。你需要快速评估这是严重的还是短暂的，并做出决定，这肯定会很有压力。所谓的专家们在告诉你，这只股票是输家。你会怎么做？

不管你的决定是什么，你必须不惜一切代价避免确认偏误（confirmation bias），也就是说，不能只选择性地接受那些支持你的投资主题的信息。止损准则可以帮助你避免这种偏见，并在投资主题被"破坏"时冷静地退出。这些准则加上适当的监测和风险评估，对评估德尔福汽车 2017 年底的分拆交易至关重要。和任何重大事件一样，这一投资主题也需要重新测试……并且一些因素也发生了实质性的改变（正如我们在事后复盘章节中所讨论的）。幸运的是，本书介绍的系统将让你为这些情况做好准备。如果你的其中一个头寸没有呈现预期走势，你必须不断问自己："我错过了什么？"

当然，你的重新评估可能会表明，这只股票甚至更有吸引力了，因为股票价格比你所认为的价值有了更多的折价。在这种情况下，买入更多股票可能是有意义的。实时分析和重新评估需要与严格遵守准则相结合。

获利了结

正如已故投资者伯纳德·巴鲁克（Bernard Baruch）所言："从来没有人在获利时亏钱。"适当的风险管理通常要求一旦你的目标股价达到，就抓住机会获利平仓。当进一步上涨空间看起来似乎有限时，尤其需要如此。

获利了结也适用于股价提前于计划飙升的情况。比如，如果投资者以 50 美元的价格买入股票，三年目标股价为 100 美元。如果股价在 6 个月内达到 75 美元，那么考虑卖出一些股票可能是明智的。这也为在价格下跌时增加头寸的提供了资金。当然，如果投资主题发生了积极的变化，或者盈利预期上调，可能会支持投资者继续持有股票。

目标股价是指导你进行获利了结与自我保护的重要工具。投资者爱上他们最好的股票是人类的天性，当这些股票表现出色时更是如此。因此，一旦达到目标股价，有效的风险管理将迫使你积极思考和重新建立对这只股票进一步上涨的信心。这不可避免地涉及基于更新的信息设置一个新的、更高的目标股价。

重新平衡

重新平衡你的投资组合需要与整体风险管理一样的常识与规则。你必须随时准备根据新的公司和市场数据，以及风险敞口上限、亏损限额和获利了结来调整你的投资组合。

让我们来探讨一个示例性的场景：在其中，医疗股占到整个投资组合比重的 20%。在未来三年内，医疗股头寸的市值将增长 100%，而投资组合其余仓位的股价保持不变。因此，在三年后，你的医疗股头寸占比将达到 33%。严格的重新平衡要求会让你重新考虑如何分配超出的 13%。当然，你也可以认为医疗股仍是这 13% 敞口的最佳投资选择，在投资组合中对医疗股保持超配的状态。

在另一情景下，你在大头寸上获利了结之后，发现自己有了较多资金。你的首要操作可能是将资金分配到已有高确信度的投资机会上。或者，你也可以投资于跟踪清单或在投资想法生成过程中的新股票来进行投资组合的重新平衡。

对冲

对冲的目的是通过建立旨在抵消另一项投资潜在损失的头寸来降低风险。在实务中，对冲可能采取多种形式，包括对冲股票头寸、期权、指数期货和各种衍生品。对冲可以用来抵消个股的非系统风险或者整体的市场风险。

在此，我们关注于抵消股票头寸和期权的使用，比如看涨期权和看跌期权。需要注意的是，对冲并不总是必要的，而且这样做的代价可能很高。一个真正分散化的投资组合加上谨慎的风险管理方法也许就足够了。

配对对冲

配对交易是一种对冲形式：你做多一只股票，同时做空你认为会表现不佳的一只类似股票。这两只股票通常属于同一行业或服务于相同的终端市场。对于已存在的多头头寸，你寻找到一只前景较差的互抵股票。这样做是为了获利：因为无论在上涨还是下跌的市场中，配对交易中的多头表现都优于空头。

2016 年，在媒体行业有一个特别成功的配对对冲策略：①做多时代华纳公司（TWX）[一]，②做空维亚康姆公司（VIAB）。这一投资主题的依据是时代华纳公司拥有的包括 HBO、CNN、长期体育转播权在内的诸多不可或缺的内容，除此之外还拥有华纳兄弟制片厂。在线视频的普及也为时代华纳公司的内容创造了更多的买家。而与此同时，维亚康姆公司正经历着高于平均水平的订阅户数量下降、更低的收视率和广告收入下滑。

事实证明，这个配对交易是成功的，时代华纳公司业绩表现优越，并最终吸引了美国电话电报公司（AT&T）的收购要约。如图 5-3 所示，2015 年底投资时代华纳公司的 1 美元到 2016 年底增值至 1.50 美元。与此同时，投资于维亚康姆公司的 1 美元降至 0.85 美元，因此配对交易的多头与空头均产生了可观的超额收益[二]。一位做多 1 美元时代华纳公司和做空 1 美元维亚康姆公司的投资者将在整体交易中获得 0.65 美元的收益。

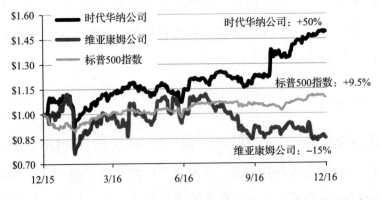

图 5-3　在 2016 年投资 1 美元在时代华纳公司与维亚康姆公司的对比

[一]　注意不要与时代华纳有线电视公司相混淆。
[二]　高于市场基准指标（比如标普 500 指数）的超额收益。

期权

期权提供了可以在预定日期以确定价格购买或出售股票的合同效力。看涨期权提供了在期权到期日之前以确定价格（行权价格）买入的权利。看跌期权提供了在期权到期日之前以确定价格卖出的权利。典型的基于期权的对冲策略包括买入看跌期权，来防范可能出现的多头头寸下跌。

比如，你持有一只股价为 50 美元的股票，但认为它存在短期的下行风险。假设你以 1 美元[⊖]买了一份行权价格为 50 美元的看跌期权。如果股价跌至 40 美元，你可以以 50 美元的价格卖出股票，获得 9 美元的利润（50 美元的行权价减去 40 美元，再减去 1 美元的期权费用）。如果股价在期权到期日保持在 50 美元以上，你只损失了 1 美元的期权费用。

期权也可以用来建立多头头寸，同时避免承担过多风险。例如，让我们假设一只股票的股价是 50 美元，你相信在未来的 3 个月里，由于催化剂的存在，这只股票会涨到 60 美元。然而，如果这一催化剂没有实现，这只股票可能跌至 40 美元。

除了以 50 美元的价格购买股票、冒着 20% 的下跌风险之外，我们假设你可以以 1 美元的价格购买行权价为 50 美元的 3 个月看涨期权。在这种情况下，如果股价跌至 40 美元，你只损失了 1 美元。而如果股价反弹至 60 美元，你可以以 50 美元的价格买入该股，获得 9 美元的利润（60 美元减去 50 美元的行权价，再减去 1 美元的期权费用）。

⊖ 看涨期权或看跌期权的价格（"费用"）通常根据布莱克 - 斯科尔斯模型确定。期权价格取决于多项因素，影响最大的包括行权价格、到期日和标的股票波动性。

压力测试

压力测试用于分析各种场景或"压力"下的假设业绩表现。比如，你可以测试美元汇率、石油价格或利率变动对你持仓的影响。

理想情况下，在投资组合构建阶段，你识别出了单只股票和整个投资组合的主要风险敞口。例如，你应知道每家公司的利润暴露在能源行业的占比。然后，你就能知道油价的波动会对每股盈利和股价产生多大的影响。我们对德尔福汽车的销售收入与 EBITDA 进行了这项分析（见表 3-3），分析了其对汽车产量、欧元汇率、铜价和油价的敏感性。

计算股价受影响情况的一个简单方法是，将市盈率保持不变（或者，更有可能的话，假设市盈率降低），然后乘以预估的每股盈利。这项分析要针对所有个股进行，然后在投资组合层面进行汇总，以确定整个投资组合的下行情景。

你的压力测试应该以历史情况作为参照。比如，对于油价压力测试的分析，你应该一直测试到历史油价的低点（甚至低于历史油价）。你还应该研究，历史上在给定的油价阈值下，一家公司的股价如何表现。基于其他因素（如汇率或利率）的投资组合压力测试应遵循类似的原则。

业绩评估

你需要能够衡量自己的成功。投资专业人士通常以某个指数作为他们的业绩基准，比如标普 500 指数或明晟世界指数。其他投资者则根据自己的投资策略，以更具体或定制的指数作为业绩基准。

衡量成功的能力需要一个能够在不同时间间隔（例如，每天、每月、每季度，每年）跟踪业绩表现的系统。拥有较长业绩记录的投资者也会相应地按此衡量业绩，例如 3 年期、5 年期、10 年期以及从自投资组合创立时起（见图 5-4）。最终，你的成功将取决于你的业绩与投资目标和业绩基准比较的结果。

当你回顾投资组合表现与业绩基准的对比情况时，要找出表现出色或表现不佳的关键驱动因素。这可以帮助你识别成功和失败的策略。然后，你可以根据个股、行业或投资主题，重新调整你的投资组合。比如，你可能会发现你选择的业绩反转类股票一直表现良好，并相应增持。或者，也许你的投资组合中医疗股的表现不如科技股，所以决定在这方面转向。

长期的成功需要严格的纪律和对基本原则的坚持，同时再加上适应能力。自满是你的敌人。一项因素奏效了一个季度、一年甚至更长时间，并不意味着它会永远奏效。

在持续表现不佳的情况下，你需要暂停一下，并后退一步。努力弄清楚什么因素没有发挥作用，为什么？要重新审视你的整体投资组合策略和风险管理程序。简而言之，你要回到第一步，系统地重新测试和重新构建投资组合。你的分析可能会发现，现有的投资组合是稳固的，只是股价表现被压制了。在这种情况下，也许最好的策略是大体按兵不动。

同样的反省方式也适用于个股。在退出头寸时，看看股票的表现与你最初的投资主题相比较如何。这里要诚实地评估哪里做错了，哪里做对了。遵循这种有纪律的方法将有助于实现未来投资的成功。过去的错误可以避免，成功的模式可以复制。

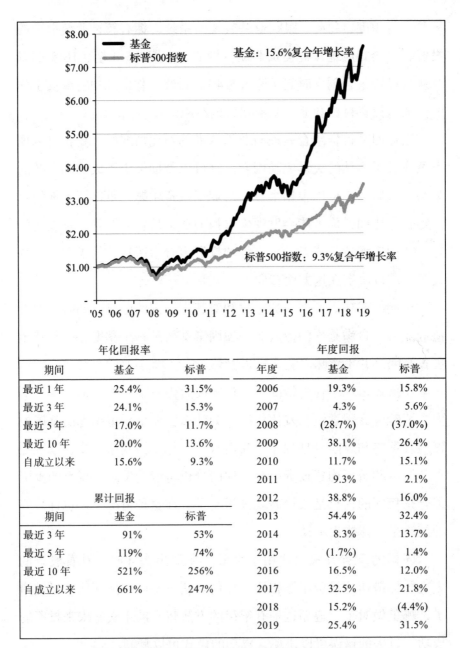

年化回报率			年度回报		
期间	基金	标普	年度	基金	标普
最近 1 年	25.4%	31.5%	2006	19.3%	15.8%
最近 3 年	24.1%	15.3%	2007	4.3%	5.6%
最近 5 年	17.0%	11.7%	2008	(28.7%)	(37.0%)
最近 10 年	20.0%	13.6%	2009	38.1%	26.4%
自成立以来	15.6%	9.3%	2010	11.7%	15.1%
			2011	9.3%	2.1%
累计回报			2012	38.8%	16.0%
期间	基金	标普	2013	54.4%	32.4%
最近 3 年	91%	53%	2014	8.3%	13.7%
最近 5 年	119%	74%	2015	(1.7%)	1.4%
最近 10 年	521%	256%	2016	16.5%	12.0%
自成立以来	661%	247%	2017	32.5%	21.8%
			2018	15.2%	(4.4%)
			2019	25.4%	31.5%

图 5-4　基金与标普 500 指数的示例性历史业绩表现

注：假设标普 500 指数的红利都用于再投资。

关键点总结

- 投资决策需要信念——确保你做足了功课。

- 不要落入"好公司、坏股票"的陷阱——合适的买入价格和时机是关键。

- 一旦你建立了头寸，尽职调查工作永不停止。

- 头寸规模应反映出一只股票的相对风险与回报情况——你确信程度最高的股票应该拥有最高的仓位占比。

- 投资组合构建时应反映出你的投资目标与风险承受度。

- 事先识别出关键的敞口，并建立相应风险管理策略。

- 重要的风险管理工具包括风险敞口上限、获利了结和重新平衡。

- 你必须有纪律在你的投资主题被"破坏"时止损。

- 投资组合评估有助于识别出你的投资过程与策略中正在奏效或需要改进的因素。

事后复盘：德尔福汽车

在本书中，我们以德尔福汽车为例，阐释了我们的五步投资流程如何用于寻找投资机会、执行尽职调查、进行估值以及最终来管理股票头寸。我们已把你带回到 2011 年 11 月，即德尔福汽车上市时投资者所面临的决定时点。

接下来，我们将带着你一路讲解德尔福汽车在接下来几年的巨大成功——该成功在 2017 年 12 月的分拆中达到顶峰。这期间，投资者们获得了近 5 倍的回报。相比之下，在同一时期的汽车零部件供应商公司和标普 500 指数仅翻了 1 倍（见图 6-1）。

图 6-1 德尔福汽车股价与汽车零部件供应商公司、标普 500 指数比较

　　对德尔福汽车在 IPO 时的投资决定取决于多种因素，也许最精辟的总结是以周期性低点的价格买入长期增长股票的投资机会。全球汽车市场的复苏还处于早期阶段，德尔福汽车以"安全、绿色和互联"为核心，并在中国拥有吸引人的增长机会。这一切都得到了德尔福汽车公司全球化最低成本布局，以及积极为股东创造价值的董事会和管理团队的支持。这些创造了很多催化剂，其中最显著的是盈利超过预期、股票回购和价值增强的并购。

　　正如德尔福汽车的股价表现清楚表明的那样，在直到 2017 年 12 月德尔福汽车被分拆为安波福（APTV）与德尔福科技（DLPH）两家公司之前，这些核心投资主题的种子已深深根植其中。到那时，德尔福汽车的每股盈利已从 IPO 时的约 3.25 美元升至分拆时的约 6.75 美元。截至分拆时，其历史市盈率也从大约 6.75 倍增长至 15.5 倍（见图 6-2）。

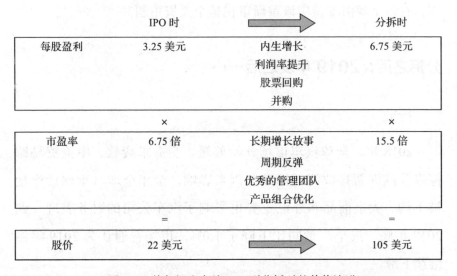

图 6-2　德尔福汽车从 IPO 到分拆时的估值演进

与此同时，这项分拆交易是重新评估投资主题的一个自然节点。首先，考虑到两家新公司有着不同的商业模式、战略和管理团队，每家分拆后的公司都需要重新分析。考虑到安波福将自身定位于专注主动安全、信息娱乐、电气架构和自动驾驶领域前沿业务的高端纯汽车技术公司，进行重新分析就尤为重要。同时，德尔福科技是一家纯粹的动力总成汽车供应商，其收入主要与全球动力总成发动机的市场结构紧密相关。这确实是两个截然不同的投资主题……

此外，德尔福汽车的股价在过去六年里从 22 美元飙升至 100 美元以上，这意味着获利了结、重新平衡和其他退出考量都至关重要。根据图 6-2，德尔福汽车的市盈率处于周期性峰值，相对于其历史平均水平有相当高的增幅，相对于其他汽车零部件供应商也有相当高的溢价。再加上汽车行业后期的衰退和贸易紧张局势的加剧，有多个理由支持应该重新审视整个投资主题。

分拆之后：2019 年及之后……

行业

2018 年，全球汽车市场开始放缓。受需求疲软、中美贸易摩擦以及欧洲新排放测试标准等因素影响，全年全球汽车预计产量被下调。大宗商品和外汇走势也影响了汽车公司的财务表现。到 2018 年底，汽车产量同比下降了 1.0%，市场普遍认为 2019 年将继续下滑。

汽车股相应受到影响，2018 年汽车零部件供应商的股价平均下跌 20% 以上。整个行业全年的销售和盈利预期都在下调，市盈率也在收缩，这对股价造成了双重打击。

2019 年汽车产量继续下滑，比最初的预期更加动荡，最终相较 2018 年下滑了近 6%。罪魁祸首仍然是需求疲软、贸易摩擦以及欧洲和北美市场的负面调整，包括通用汽车罢工的影响。

总体而言，2019 年的汽车股基本上是"富人和穷人"的两极化故事。那些与强劲的长期机会相关的公司表现突出，而那些被认为最容易受到宏观压力影响的公司则股价继续受挫。

下面，我们将讨论德尔福汽车分拆后的公司安波福和德尔福科技在 2018 年至 2019 年期间的表现。

安波福（母公司）

在分拆交易后，安波福在 2018 年迎来了一个高潮。它在汽车互联、电气化、安全性和自动驾驶方面的长期增长故事引起了投资者的共鸣。公司表现强劲，从其他汽车厂商中脱颖而出，克服了上述的利空因素。安波福实际上在 2018 年第一季度和第二季度提高了盈利指引。到 2018 年 6 月中旬，其股价上涨了 20% 以上。

然而，到了秋天，关于汽车股的负面情绪加剧——就连安波福的强劲表现和引人注目的故事也未能扭转颓势。在 2018 年第三季度，安波福实现了 9% 的收入同比有机增长，在产量下降了近 3% 的情况下，实际上均价同比增长了 12%。不过，公司管理层预测，由于中国汽车产量预计将放缓，2018 年第四季度业绩将较为疲弱，尽管管理层预期安波福的收入仍将有可观的 6% 内生有机增长——而这已较市场水平高出了约 8%～9%。

到 2018 年底，尽管安波福的财务业绩已超越最初的 2018 年全年指引，但公司股价已从 6 月中旬的峰值下跌。从基本面来看，该公司强劲的长期增长故事并未改变，这使其有别于其他汽车零部件供应商……这个故事最终在 2019 年得到了回报。

尽管更广泛的宏观汽车行业面临不利因素，但安波福还是在 2019 年成为了股市的宠儿。ESG（环境、社会和治理）投资者和主题投资者（thematic investors）都看重安波福的长期产品组合和更好的全周期表现，安波福成为被最广泛持有的汽车股票之一。在动荡的 2019 年上半年即将结束之际，该公司举行了一个广受欢迎的投资者日活动，管理层重申了其可持续的长期增长和利润目标，以及持续到 2025 年引人注目的公司愿景。当许多工业和汽车业同行都在苦苦挣扎时，安波福在 2019 年第二季度的强劲业绩进一步增强了这种说法的可信度。

随后，在 2019 年 9 月，安波福宣布与现代汽车成立一家新的合资企业，专注于将其自动驾驶技术用于量产汽车。安波福通过并购交易为其产品组合增值的能力，加上其在汽车 2.0 方面的定位，进一步巩固了其自身地位。到 2019 年底时，安波福股价为每股 95 美元，与德尔福汽车分拆前 103 美元的股价相差不远，表现优于美国所有汽车零部件同业公司，也大大回填了 2018 年第四季度的跌幅。

德尔福科技（分拆的子公司）

对于德尔福科技，也就是传统的动力系统业务来说，宏观上的利空因素更为明显。与德尔福科技产品组合和地域敞口相关的负面综合因素对业绩构成了压力。柴油发动机销量下降、欧洲新排放检测标准导致生产计划放缓，以及中国本土市场的汽车需求突然放缓，对德尔福科技的影响大于同业公司。

除此之外，德尔福科技还有一些与其执行力、管理层指引以及与华尔街沟通有关的自损行为。在 2018 年第一季度后，管理层最初提高了业绩预测，但在接下来的两个季度，管理层随后下调了业绩指引。不出所料，这种错误指引加剧了投资者的负面反应。

也许最具破坏性的是该公司在 2018 年 10 月 5 日的声明，这是一个真正的双重危险时刻。除了披露 CEO⊖突然离职外，德尔福科技还大幅下调了 2018 年全年的盈利预期。股价仅在当天就暴跌了近 13%。

2018 年 11 月 7 日举行的 2018 年第三季度业绩电话会议未能安抚投资者，管理层给出了令人失望的 2019 年展望。到 2018 年底，基于低于预期的收益与显著缩水的估值倍数，公司股价已大幅下跌。

正如市场预期的那样，2019 年基本上是德尔福科技在 2018 年的延续。在年初，公司暂停派息，投资者质疑该公司是否有能力应对不利的中国整车制造商敞口。此外，随着德尔福科技寻求将其传统内燃机产品转型为包括电动汽车产品在内的新一代产品，其盈利能力也受到了质疑。

然而，临近 2019 年底时，德尔福科技的新任管理层专注于执行基于多管齐下的内部重组"自救"战略。新计划聚焦于执行严格

⊖　这位德尔福科技的 CEO 来自被收购的 MVL 公司，并不属于 IPO 前的管理团队。

的运营，包括合理的工程规模、更好的产品上市准备工作、减少行政管理费用以及实现关键产品线 10% 以上的增长。公司和市场都认为 2020 年是开始实施这些计划的重要过渡年。

接下来，在 2020 年 1 月，竞争对手博格华纳宣布以 33 亿美元收购德尔福科技，这一对价折合每股 17.39 美元。在交易宣布时，这一价格较德尔福科技在此项交易公布前的股价溢价达 75% 以上。合并后的公司将拥有互补产品和更完整的传统内燃机组件组合，以及更强的电动汽车组件能力。

根据我们在第五步中的讨论，安波福和德尔福科技分拆后的轨迹都是风险管理的重要研究案例。2017 年 12 月的分拆标志着德尔福汽车最初投资的一个明显转折点，需要重新从头评估。严格的头寸监控、深思熟虑的头寸规模、对投资主题的不断重新测试、及时的获利了结以及耐心是驱动超额投资回报的关键。

致　谢

　　我们衷心感谢众多同事、同行和朋友。没有他们提供的指导、信息以及辛勤工作，本书不可能顺利出版。

　　特别感谢 Brahman Capital 的联合创始人米奇·库弗利克和罗伯·索贝尔。由于我（乔舒亚·珀尔）在投资银行工作多年，他们让我有机会成为一名专业投资者。在为我打开了进入投资世界的大门之后，他们帮助我扩展了我的技能组合，多年来给了我不少睿智的建议。他们几十年的经验和智慧对我的职业发展非常宝贵。我和我的家人永远感激他们。

　　我（乔舒亚·珀尔）的两位导师杰夫·沙克特和米奇·朱利斯（恰好也是彼此的亲密朋友）给本书带来了不可思议的影响。没有他们一路上的支持和鼓励，本书根本不可能完成。就我个人而言，我一直试图跟上两位导师的步伐，学习和模仿他们思考、行动和生活的方式。从任何意义上讲，两位导师都是"高人"。

　　没有 Weiss Multi-Strategy Advisers 的雷蒙德·阿齐兹的帮助，我们不可能实现本书的愿景，他的投资高见、经验和一手研究是无价的。雷蒙德是我们所知道的最有才华的投资组合经理之一，其实在各个方面都算是本书的第三位合著者。最重要的是，他是我们最亲密的朋友之一。瑞士信贷的约瑟夫·加斯帕罗在本书的编辑和出版过程中至关重要，包括精简和完善最终版本。约瑟夫拥有庞大的人脉网络、不屈不挠的进取精神以及与生俱来把事做好的能力。多年来，他一直是我们真正的伙伴。

我们要强调巴克莱银行的布赖恩·约翰逊和瑞士信贷的丹·利维所做的重要贡献，他们都是备受推崇的股票研究分析师。他们的贡献是多方面的，他们坚定不移的热情、洞察力和支持堪称典范。

特别感谢德尔福汽车的退休首席执行官罗德·奥尼尔和退休董事长杰克·克罗尔为我们的案例研究提供灵感，并帮助指导了整个过程。安波福的首席执行官凯文·克拉克、董事长拉吉夫·古普塔、董事会成员肖恩·马奥尼和投资者关系部门的埃琳娜·罗斯曼作为内部人士指导我们，提供了睿智的反馈意见，并帮助确保本书里相关的细节准确无误。

迪德里克·塞德霍尔姆分享了关于德尔福破产程序的深刻见解，并帮助我们与很多关键参与者建立了联系。银点资本团队，包括联合创始人埃德·穆尔和杰夫·弗利兹，为我们提供了投资德尔福背后的背景故事以及独到观点，尤其是创造巨大股东价值背后的辛勤工作。

杰里米·韦斯图布提供了可靠的技术性见解，并帮助我们将复杂的概念提炼成外行能懂的语言。小米尔伍德·霍布斯是我们早期在投资银行工作时的导师和同事，他为本书提供了建设性的反馈意见，对于选择合适的人加入本书编写团队至关重要。十五年后，他仍然是一位宝贵的朋友和合作伙伴。

我们要感谢 John Wiley & Sons 的杰出团队，十多年来他们一直是我们所有书籍和课程的合作伙伴。我们的策划比尔·法伦将我们带入 John Wiley & Sons 的大家庭，一路走来他的愿景和支持从未动摇过。多年来，他展现了强有力的领导能力，并已成为我们真正的朋友。

我们的出版人马特·霍尔特在内部和外部以各种方式支持我们的书。在编辑和制作方面，迈克尔·亨顿、史蒂文·基里茨、迈克尔·弗里兰、苏珊·塞拉和珀维·帕特尔非常努力地工作，确保所有细节问题都得到圆满解决，极大地促进了本书顺利的出版和印刷流程。我们的营销经理让－卡尔·马丁通过他的创造力和远见帮助我们实现了我们的愿景。

我们还要向我们的家人和朋友们表达无以言表的感激之情。玛莎、乔纳森、奥利维亚、玛戈和亚历克斯，非常感谢你们的支持、耐心和牺牲。当我们为了写一本让我们所有人都感到自豪的书而努力工作时，你们一直在我们心中。

如果没有以下这些人的帮助，本书是不可能完成的：

Raymond Azizi, Weiss Multi-Strategy Advisers

Nadav Besner, Sound Point Capital

Didric Cederholm, Lion Point Capital

Maimi Chow, Time Warner, Inc.

Christopher Clark, Soros Capital Management

Kevin Clark, Aptiv PLC

Juan Pablo Del Valle Perochena, Orbia Advance

Michael Evelson, Kingdon Capital Management

Bryan Fingeroot, Raymond James

Jeff Forlizzi, Silver Point Capital

Joseph Gasparro, Credit Suisse

Joshua Glassman, Goldman Sachs

Greg Gliner, Ironwall Capital Management

Michael Goody, Scharf Investments

Steven Gordon, J. Goldman & Co.

Michael Groner, Millennium Partners

Rajiv Gupta, Aptiv PLC

Tim Hani, Bloomberg

Han He, Oaktree Capital Management

Milwood Hobbs, Jr., Oaktree Capital Management

Benjamin Hochberg, Lee Equity Partners

Cal Hunter, Barnes & Noble

Robert Jermain, SearchOne Advisors

Brian Johnson, Barclays

Mitchell Julis, Canyon Partners

Jennifer Klein, Sequence Capital

Jack Krol, Delphi Automotive

Shaya Lesches, Young Jewish Professionals

Marshall Levine, GMT Capital

Dan Levy, Credit Suisse

Jonathon Luft, Eagle Capital Partners

Peter Lupoff, Tiburon Family Office

Sean Mahoney, Private Investor, Aptiv PLC

David Marino, BGC | MINT Equities

Dave Miller, Elliott Management

Edward Mule′, Silver Point Capital

Rajeev Narang, Hudson Bay Capital

Justin Nelson, J.P. Morgan

Rodney O'Neal, Delphi Automotive

Daniel Reichgott, Federal Reserve Bank of New York

Eric Ritter, Needham & Company

Elena Rosman, Aptiv PLC

Jeff Schachter, Crawford Lake Capital

Howard A. Scott, Park Hill Group

Hooper Stevens, Sirius XM

Anne Tarbell, Trian Fund Management

Jeremy Weisstub, Aryeh Capital Management

我们希望您能喜欢阅读我们这本书，就像我们很享受写书的过程一样。您现在拥有了成为专业投资者的基本要素。

我们祝您在未来的投资中取得成功！

乔舒亚·珀尔

乔舒亚·罗森鲍姆

免责声明

表达的观点。本书表达的所有观点均为作者截至本书英文版出版之日的观点，不代表其各自现任或前任雇主的观点，也不代表作者曾经、现在或将附属的任何实体的观点。本书表达的信息和观点可能随时更改，恕不另行通知。作者和 John Wiley & Sons, Inc.（出版商）没有任何义务更新或更正本书中提供的任何信息。

仅供参考，不作为投资建议。本书提供的信息仅用于一般信息目的，不是也不应被视为"投资建议"、任何类型的"推荐"（无论是投资、财务、会计、税务还是法律）或者任何形式的"营销材料"。本书没有提供关于股票或投资方法是否适合特定个人财务需求的建议或观点。你的需求、目标和情况是独一无二的，可能需要获得持证财务顾问的个性化建议。

仅供作为参考资料和示例说明。本书包含的所有示例仅用于说明，不构成任何类型的建议，也不旨在反映你可以预期实现的结果。本书中对任何公司的任何引用均无意提及也不应被视为对任何股票、品牌或产品的认可。

信息准确性。尽管本书提供的信息是从被认为可靠的来源获得或汇编的，但作者不能也不保证为任何特定目的提供给你的任何信息或数据的准确性、有效性、及时性或完整性。作者或出版商均不对你因错误、不准确或遗漏而招致的任何损失或损害承担任何责任。

风险。投资涉及风险，包括可能损失本金。投资者在投资前应仔细考虑自己的投资目标和风险。谁也不能保证投资会产生利润或不会导致损失。所有投资者都需要充分了解与他选择进行的任何类型的投资相关的风险。经济因素、市场状况和投资策略将影响投资组合的表现，并且无法保证其将匹配或超越任何特定基准。

没有依赖。对于你因提供的任何信息或内容而可能遭受的任何损害、费用或其他损失，无论是合同、侵权（包括但不限于疏忽）还是其他方面，作者均不承担任何责任或你可能对此类信息、内容或观点的任何依赖。你进行的任何投资均由你自行决策并承担风险。

免责声明和责任限制。在任何情况下，作者、出版商、其附属公司或任何此类当事人均不对你的任何直接的、间接的、特殊的、后果性的、附带的或其他任何类型的损害承担责任。

作者及英文版编辑简介

本书作者　乔舒亚·珀尔（Joshua Pearl）

　　乔舒亚·珀尔是 Hickory Lane 资本管理公司的创始人和首席投资官，曾担任资产管理公司 Brahman Capital 的董事总经理。他采用基本面方法专注于二级市场股权投资以及特殊事件投资。此前，他在瑞银投资银行担任董事，负责构建高收益融资、杠杆收购和重组交易。在加入瑞银之前，他曾在美驰投行和德意志银行工作。珀尔先生拥有印第安纳大学凯利商学院的商业学士学位。他还是资产管理与投资银行业内畅销书《投资银行：估值、杠杆收购、兼并与收购、IPO》的合著者。

本书作者　乔舒亚·罗森鲍姆（Joshua Rosenbaum）

　　乔舒亚·罗森鲍姆是加拿大皇家银行投资银行业务的董事总经理并担任工业与多元化服务行业部门的负责人，他领导团队发起与构建并购、企业融资和资本市场交易，向客户提供专业意见。此前，他曾在瑞银投资银行和世界银行的直接投资部门——国际金融公司工作。罗森鲍姆先生拥有哈佛大学学士学位以及哈佛商学院工商管理硕士学位，并获得贝克学者荣誉。他还是资产管理与投资银行业内畅销书《投资银行：估值、杠杆收购、兼并与收购、IPO》的合著者。

本书英文版编辑　雷蒙德·阿齐兹（Raymond Azizi）

雷蒙德·阿齐兹是 Weiss Multi-Strategy Advisers 的投资组合经理，负责管理股票投资组合。此前，他是雷曼兄弟私募股权投资部门的投资专家，专注于杠杆收购和成长资本投资。在私募股权投资领域任职之前，他曾在雷曼兄弟的投资银行部门工作。阿齐兹先生拥有罗格斯大学商业学士学位和宾夕法尼亚大学沃顿商学院的工商管理硕士学位。他还是资产管理与投资银行业内畅销书《投资银行：估值、杠杆收购、兼并与收购、IPO》的内容贡献者。

本书英文版编辑　约瑟夫·加斯帕罗（Joseph Gasparro）

约瑟夫·加斯帕罗是瑞士信贷资本服务业务部门的副总裁，他为另类资产管理公司提供融资和运营方面的咨询建议服务。此前，他在瑞士信贷的投资银行部门任职，主要执行并购和资本市场交易。在加入瑞士信贷之前，他在美银证券和瑞银工作。加斯帕罗先生拥有葛底斯堡学院的学士学位和罗格斯商学院的工商管理硕士学位。他曾两次获得美国总统志愿服务奖。他还是资产管理与投资银行业内畅销书《投资银行：估值、杠杆收购、兼并与收购、IPO》的编辑。